エネルギーコントロールの授業

ultimat e energetics

アルティメット・エナジェティクス

大原彩奨

はじめに

見えない力で現実を変える⁉

真面目に働いているのに、思うような結果が出ないのはどうしてでしょうか。トラブルが起きないように気を遣っているのに、うまく人づきあいできないのはどうしてでしょうか。

その一方で、時間的にも精神的にもゆとりを持ちながら、まわりと調和して、羨ましくなるような生活を送っている人たちもいます。

たとえば、こんなことを見たり、あるいは経験したことはありませんか。あるプロジェクトをまかされ、しっかりと計画を立てて、うまくいくようにコツコツと努力していたにも関わらず、うまくいかなかった……。逆に、いい加減にやっているように見えた人がスイスイと結果を出していった。

この違いは、どこにあるのでしょうか。

答えは、エネルギーにあります。

うまくいく人はエネルギーをコントロールできる人です。うまくいかない人は、エネルギーをコントロールできない人です。

エネルギーというのは目で見ることができないので、今は信じられないかもしれませんし、あやしいとさえ思うかもしれません。

それでも私たちに大きな影響を与えているのが、エネルギーなのです。

「あの人のエネルギーには圧倒されるな」
「あの人のエネルギーはすごいな」

元気いっぱいでエネルギッシュな人に出会ったとき、このように感じたことはありませんか。

特別な能力など持っていなくても、私たちは感覚的にエネルギーを感じ取っているものです。

さて、本書は、エネルギーコントロールの技法についてお伝えすることを目的としています。

別の言い方をすれば、エネルギーという見えない力を使って、目標達成したり、人づきあいの悩みを解消したり、スムーズに進んでいないことを解消したりする、いわば現実を変えるための本です。

エネルギーコントロールの技法を実践し、すでに２０００人以上の方々が、お金や仕事、恋愛、人間関係などの悩みから解放され、人生を思いのまま生きられるようになっています。

ある建築会社の社長は、社員の方たちと信頼関係を築けないことに悩んでいました。うまくコミュニケーションを取れないことから、連絡ミスによるトラブルが頻繁に起きていたのです。

ところが、エネルギーコントロールの技法を習得してから３ヶ月ほどで、業務がスムーズにまわりはじめ、1年が経つ頃には、売上も前年比1・5倍になるという結果が出ました。

また、ある40代の女性は、「いいパートナーに出会いたい」「海の見えるところで暮らしたい」という願望があったのですが、どれだけ婚活を頑張っても、なかなかいい出会いに恵まれませんでした。

ところが、エネルギーコントロールの技法を習得してから、わずか1ヶ月後に運命の出会いが訪れました。彼女は今その彼と結婚し、世界中のセレブが訪れる美しい海があるモルディブで暮らしています。

「ますますあやしそうだなぁ……」

あなたがそう思うのも無理はありません、むしろ正しい反応です。

なぜなら、エネルギーコントロールは長年、一部の達人や権力者たちにだけ密かに伝えられてきた秘密の技法だからです。

エネルギーコントロールについて知らないのは当たり前、ましてエネルギーという見えない力についてお話しするわけですから、「あやしい」「胡散臭そう」「本当なの？」と思うことは、あなたの感覚が正常であることを証明しています。

生き方がぐるりと変わる

信じるか信じないかはさておき、エネルギーコントロールの技法を習得することで、人は誰でも本来持つ無限の可能性とつながることができるようになります。

・「頑張ろうとしないことが大事」とわかっているのにできない……。
・肩の力を抜きたくても抜けない……。
・考え過ぎないようにしたいのにクヨクヨ悩んでしまう……。

とくにこのような苦しさ、つらさがある場合、あなたはエネルギーが過剰であったり、あるいは欠乏している状態ですから、本書でお伝えする技法を実践することで、エネルギーをニュートラルな状態に戻せますので、生き方がぐるりと変わります。

そもそも生命活動を支えるエネルギーは、赤ちゃんから大人まで、生きている人間なら万人に備わっているものです。本書を手に取ってくださったあなたにももちろん備わっています。

ですから、本書でお伝えする技法を習得することは、新しいスキルを身につけるというよりも、これまで眠らせていたスキルを呼び覚ますというほうが正確です。

実際、この5年で数多くの人がエネルギーを使いこなせるようになり、如実に変化していく様を、私自身、間近で見てきました。

一定のレベルでエネルギーをコントロールする方法と、その効果について、データも蓄積されていますので、そうして培った経験とノウハウをもとに「誰でも体感でき、活用できるエネルギーコントロール法」をお伝えしています。

本書は簡単にできるたくさんのワークも紹介していますので、試していただければ座学だけでなく、不思議なエネルギーの力を体感できるはずです。

ぜひ、人生を思いのままに変えていくシンプルにして究極の方法をお試しください。

大原彩奨

Contents

Contents

Contents

LESSON 1
エネルギーコントロールとは？

古代から研究を重ねられた古くて新しい技法

時代が変わろうとしています。

実は、誰もがそのことを感じているのはないでしょうか。

安心だと信じられていた大企業や金融機関の合併、海外資本の参入、国家や地域などの境界を越えて、地球規模に拡大するグローバリゼーション……。

どれを取っても、時代の根本が大きく変わりつつあることを感じさせます。

では、いったいどう変わろうとしているのでしょうか。

どう変わることが、私たちの幸せにつながるでしょうか。

壮大に聞こえるかもしれませんが、幸せへのカギは、私はエネルギーにあると考えています。

エネルギーは自己実現や成功はもちろんのこと、医療やセラピー、運動科学、芸術、経済活動など、さまざまな分野に応用できます。

エネルギーを完全にコントロールできるようになると、本当の幸せは自分の外にあるのではなく、自分自身の内側にあることに気づくことになると思います。


世間で大仰に語られることもなく、目で見ることもできないエネルギーですが、人類は古代から、このエネルギーについて研究を重ねてきました。

たとえば、気功でいう「気」も、ヨガの「プラーナ」も、人の「生命活動を支えるエネルギー」を指しています。


東洋では、哲学も実学も、こうした生命エネルギーを重視して発展したものが多く存在し、東洋系の伝統医療である鍼灸治療でもアーユルベーダでも「人の健康は生命エネルギーのバランスによって左右される」というのが共通認識です。

こうした伝統医療に対して、「西洋医学のように科学的ではないから信頼できない」という意見もかつては珍しくありませんでした。

しかし現在は、ＷＨＯ（世界保健機構）も伝統医療の漢方、推拿、アーユルベーダなどを「科学的に治療効果が立証されている療法」として認めています。

欧米での一般認識も変化しており、たとえば「気」はかつて一部の人たちしか知らない神秘的な概念でしたが、現在は、英語圏では「Ｃｈｉ」、あるいは「Ｑｕｉ」として広く知られています。

日本で定着している「風水」もまた古代中国にはじまった気の制御法です。

地中には龍脈と呼ばれる気のルートがあり、これを制御することが一族の繁栄に影響するという考え方に基づいています。

これもまた、古くからあるエネルギーコントロールの技法のひとつであり、英語圏でも「Ｆｅｎｇ ｓｕｉ」として知られています。

こうしたエネルギーにまつわる概念は、この数十年でかなり一般にも浸透してきました。

ところが、エネルギーコントロールの技法については、そうではありません。技法を正しく理解し、エネルギーを自由自在にコントロールできている方は、ほとんどいないのが実情です。

誰でも実践できて特殊能力は不要

「エネルギーなんて自分にわかるだろうか」
「本当にコントロールできるだろうか」

そう思われるかもしれません。

これが自分の心臓なら実際に見たことがなくても、胸に手を当てれば鼓動が伝わってきますし、その存在を疑う人はまずいません。

しかし、エネルギーはそもそも見たり、触れたりすることが難しいものです。「私には霊感がないからわからないのではないでしょうか」という声もよく聞きます。

エネルギーを使いこなすのに、霊感は必要ありません。これからお伝えするエネルギーコントロールは、誰でも実践できるもので特殊能力は不要です。

そもそも、多くの人が日常生活のなかで、エネルギーを感じ取っています。


たとえば、芸能人やスポーツ選手に会ったときに「すごいオーラがある！」などと思った経験はないでしょうか。

オーラもまた、人の生命エネルギーの一形態です。


もし、「あなたのオーラは赤いですね」などと言ったら、特殊な世界の話に聞こえるかもしれませんが、たとえば「幸せオーラが出ているね」と声をかけたからといって、「何か見えるんですか。霊感があるんですか？」とびっくりされることはまずないでしょう。

「わかりますか？」とはにかまれるか、「やめてくださいよ」と恥ずかしがられるくらいではないでしょうか。

また、気持ちが後ろ向きなときに、自分のことを「負のオーラ全開だよ」などと表現する人もいます。

今や多くの人がオーラを感じ取るのは普通になっていて、特別な能力はいらないとわかっているのです。

この前提には「オーラは見えないけれども存在する」という共通認識があるとも言えます。つまり、「日常的にエネルギーを感じ取っている」ということです。

すでにエネルギーを感じ取っている

そもそも日本語は「気」という単語を多用します。これは、日本人の文化がエネルギーに敏感であることの表れです。

たとえば、「気持ち」は自分のエネルギーのあり方を指します。

自分のエネルギーのポジションが良く、流れも良好なら「気持ちが良い」、逆に滞ると「気持ちが悪い」のです。

また自分のエネルギーがプラス側に傾けば「陽気」、マイナス側に傾けば「陰気」です。

バランスが取れてちょうど良い本来の状態になるのが「元気」、逆に気を病めば「病気」です。ストレスは、東洋医学では体の内に悪い気（邪気）がたまった状態のことです。

「気が重い」のもエネルギーの通りが悪くて、積極的になれない状態を指しています。逆に軽くなれば「気軽」です。「気構え」なしに取り掛かれる状態です。

そして、他人との間に、自分のエネルギーをたくさん流通させる人は「人気」になります。

これほどまでに、私たちはみな普段の生活のなかで無意識にエネルギーのことを「気にして」いるわけです。

もちろん「気にする」も、「エネルギーを感じる」という意味になります。

「あいつとは気が合う」「あの人とは気が合わない」という言い方もします。

ここでいう「合う・合わない」はデータを分析した結果ではなく、感覚的な表現として使っているはずです。

理屈ではないからこそ、「なぜか」とか「どうしても」という枕詞も頻繁に使われます。

別の言い方をすれば、私たちは普段から他人と自分とのエネルギーの相性を理屈抜きに感じ取っているということです。

こうした感覚は、場所やモノに対しても使われます。

たとえば、店に入ったときに「雰囲気がいいな。落ち着くな」と感じたり、背筋がゾクッとして「なんだか雰囲気が悪い、怖い」と思ったりしたことはあるのではないでしょうか。

風水はこうした場所にまつわるエネルギーの状態を、経験的に整理したものと言えます。

実は、世界はどこもかしこもエネルギーに満ちていて、私たちはそれをどこかで感じ取りながら生きているのです。

そして、このエネルギーを使いこなすことができれば、世界そのものを変えることにつながります。

シンクロニシティとエネルギー

もうひとつ、エネルギーが私たちの生活に影響している例としては、「シンクロニシティ」があります。

シンクロニシティとは、一見まったく関係なさそうな人や出来事が、実はつながっている現象を指します。日本語としては「共時性」とか「同時発生」などという言葉に置き換えることが一般的です。

カール・ユングが心理学用語として使ったことで有名になった比較的新しい言葉で

すが、その原型は古代ギリシャ語やラテン語にあり、古い概念であることがわかります。シンクロニシティには、たとえば次のようなものがあります。

・「最近、Aさんに連絡取ってないけど、どうしているのかな？」などと思った途端に、Aさんとばったり出会った
・今日はカレーが食べたいと帰宅したら、母親がカレーをつくってくれていた
・新しいブラウスがほしいと思っていたら、同級生が「姉にもらったけれど、私はいらないから使って」と、ちょうど探していたようなものをくれた
・子どもの頃に生き別れた姉妹が、いつの間にか隣同士になっていた
・入院しているはずの恩師にそっくりな人が視界を横切った気がしたので、電話をしてみたら亡くなっていた

これらを「ただの偶然」として片付けることもできますが、シンクロニシティの多くは、実際はエネルギーからの「返答」なのです。

私たちが投げかけたリクエストに対して、何らかの答えを返してくれるものです。

それはエネルギーの特性とも言えます。

もし、あなたがこうしたエネルギーの特性をコントロールできれば、シンクロニシティを意図的に引き起こすことも可能です。

たとえば、仕事をしながら「焼き肉が食べたい！」と思っていたら、まるでその声を聞きつけたかのように、上司から「接待に行けなくなったから、代わりに行ってくれ」と頼まれて高級焼肉店で食事をすることになる、というようなことです。

これもシンクロニシティです。

「すごい偶然だ！」「ついてる！」と捉えることもできるでしょうが、あなたが「焼き肉を食べたい」というエネルギーを放った結果、引き起こした現象としたらどうでしょうか。

エネルギーを使いこなせるようなると、自分が「こうしたい」という思いを放つと、それに応じて必要な人が現れ、期待したとおりの結果が出るようになります。

詳しくは後述しますが、少しだけ先取りすると、先の例の場合は、期待したとおりに焼き肉は食べられたけれど、取引先との会食なのであまり楽しめなかったかもしれません。

自分の「こうしたい」という思いの設定がぼやけていると、起こる現実も微妙に希望とは違ってきます。

もし、「ただ焼き肉を食べる」のではなく、「気の合う仲間と楽しく焼き肉を食べる」という設定であったなら、友達から連絡が入り、「じゃあ、焼き肉に行こう！」となります。

せっかくシンクロニシティを起こすなら、気持ち良く楽しい晩を過ごせるように設定したほうがいいでしょう。

もちろん、焼き肉よりももっと大きな設定をすれば、よりたくさんの人が無意識のうちに力を貸してくれる現象を体験できます。

その方法についても後ほどお伝えしますが、エネルギーを使いこなせるようになればなるほど、夢や志などの設定の状態が、あなたの現実に大きく関わってくることを心に留めておいてください。
今は信じられなくても大丈夫です。

「結び」の現象を検証する

たくさんの人が無意識のうちに力を貸してくれるというと、ほとんどの方は「そんな都合のいい話はあるわけがない！」と信じてませんが、この「無意識のうちに協力してくれる」という現象は、合気道でいうところの「合気」の状態です。

合気道は日本の伝統武道のひとつであり、合気という言葉は、時代によって少しずつ異なる解釈がされてきました。

武道の合気としては読んで字のごとく「気を合わせる」こと、つまり、エネルギーが結びつけられた状態と考えられます。

相手からの攻撃のエネルギーを受け取って、それを調和し、結びを起こして、相手を抑えたり、投げたりするのです。

老齢の男性が、若く筋力のある大きな男性を軽々と放り投げることもよくあります。

このように、相手と自分がエネルギーで結ばれているので、「合気」は「結び」の現象とも呼びます。

結びができている状態だと、たとえば投げられるときも無意識に協力している状態になるため、エネルギーに無駄がなく、「投げられているのに気持ちがいい」という不思議な感覚になります。

この「結び」の現象と深く関わっているのが、「感謝」と「礼」です。

「感謝」することは、すべてに対する「信頼」をあらわすことになります。

「感謝」して「信頼」することによって、「結び」を引き起こすことができます。

投げ技は合気道の達人の手を借りないと経験できませんが、「結び」の現象そのものは、友人や家族など、協力してくれるパートナーがいれば簡単につくり出せますので、ここで「結び」を実感できるワークをご紹介しましょう。

「結び」を体感できるワーク

1 10人で縦1列になり、前の人の肩に手をかけて並びます。
2 別の1人（11人目）が一番前の人を押します。
3 11人目の人は、10人全員が見える位置に立ち、一人ひとりへの「感謝」の思いを胸に、「いつもありがとうございます。よろしくお願いします」と「礼」をします。
4 手順2と同じように前の人を押してみます

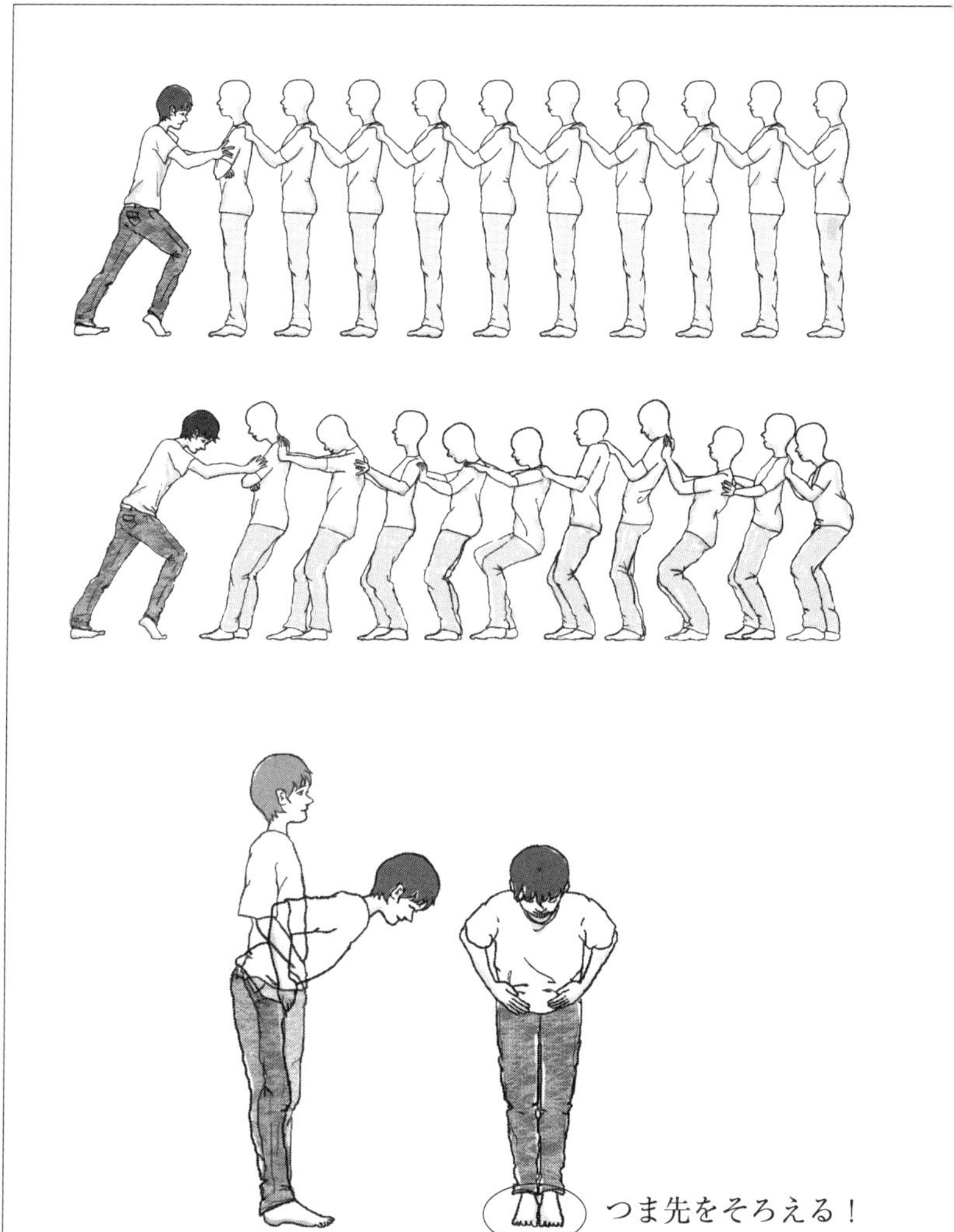
つま先をそろえる！

手順2では後ろのほうの人まで力が伝わらず、押しても並んでいる人たちは動かなかったのではないでしょうか。

ところが、手順4では一番後ろまで力が浸透し、10人が総崩れになります。

このワークでは、人に感謝することが、実は自分にとって大きな力になることに気づくことができます（10人でなくても1人でも2～3人でも構いません）。


ワークで体感できたかもしれませんが、「礼」をする前と後では、礼をしてからのほうが、自分の力が強くなったと感じられたはずです。

実際には自分の力も上がりますが、押されている人も力が入りづらくなっています。

つまり、押している人と押されている人の間に「結び」が起きているので、押されている人は無意識で押している人に協力しているのです。

押した人は「結び」を実感できたら、「結びを解きます」と言ってから、胸の真ん中の胸骨という部分を軽く叩くと「結び」がほどけます。

次に、押した人と押された人を交代してみましょう。

今度は「礼」と「感謝」をした人が強くなることでしょう。

こうして体験してみると、無意識に押している人に協力するということがどんなことなのか理解できるはずです。

私は最初にこのことを知ったとき、日本人が大切にしている「礼」に、このような効果があることに驚きを隠せませんでした。同時に、日本の文化の素晴らしさを再認識した思いになりました。

エネルギーの「結び」の現象を応用することで、意図的にシンクロニシティを引き起こすことができます。

それが、願望達成や夢の実現につながるのです。

個人の問題解決から国の統治まで

現代人に比べるとずっと自然に近い存在だった原始時代や古代の人たちのなかには、エネルギーのことをわかっていて、道具のように使っていた人もいます。

たとえば、オーストラリアの原住民であるアボリジニなど、原始時代からの流れに沿った暮らしのなかでは、テレパシーを使うと言われています。

意図的に強い「結び」の現象を引き起こせるなら、お互いに離れていても意思疎通を図ることは難しくないでしょう。


ネイティブ・アメリカンのイロコイ族に伝わる口承史をまとめた『一万年の旅路』（翔泳社）は、約1万年前に、彼らの祖先がアフリカ大陸からアメリカ大陸まで歩いたときのことを伝える長い物語です。

彼ら「歩く民」がベーリング陸橋（現海峡）を目指す途上で、背が小さくて肌の色が比較的濃い、そして警戒心が強くて不思議な行動をする部族に出会います。

その部族は火をあまり使わず、主に水辺の生き物を獲って暮らしていました。

「歩く民」がその狩りの様子を遠巻きに見ていると、『われらには理解できないような方法』で、あっという間に自分の意思を伝え、皆が整然と動いて獲物を捕まえることがわかりました。

興味を持った「歩く民」は、仲間の女性たち3人をこの部族に送り込みます。首尾よく受け入れられた女性たちは、部族の人は想いを共有しており、想いを共有したい相手の注意を引きさえすれば、「用が足りる」と報告しています。だから、彼女たちにとって、部族の行動はいつも突然かつ一斉に始まるように見えたのでした。

部族の皆の心に一致した見方が生まれることで、一致した行動につながっていたのですが、3人の女性たちには、どういう経緯でそうした結論に達したのかは、まったく読み取れなかったようです。

こうしたテレパシーのような能力を「語らずして耳を傾け、言葉なくして聞く」と評し、送り込んだ女性たちによって、その血を受け継いだ子を迎えたと言います。

おそらくこの部族の人たちは、エネルギーコントロールに長けていて、つねに「結び」を引き起こすことができたのだと思われます。

だからこそ、言葉で説明して頼むのではなく、ただエネルギーとして、互いに協力することが可能だったに違いありません。

この本の著者であり、イロコイ族の血を引くポーラ・アンダーウッドは、この節で語られるさまざまな特徴から、この異民族を「ネアンデルタール人（旧人）ではないかと想像している」と脚注に記しています。

原初の人類は、無意識にエネルギーを操っていたのでしょう。

一方、エネルギーを意図的に使っていた人たちも存在します。有名なところで言えば、孫武や諸葛孔明、天海僧正などです。

紀元前6世紀に活躍した軍師・孫武（孫子）が書いた『孫子』という兵法書は、後世の政治家や指導者たちに多大な影響を与え、現代においては「戦わずして勝つ」などの戦略思想がビジネスの現場でも参考にされています。

また、諸葛孔明が駆使した『奇門遁甲術』は、時間によって変わる土地や人などのエネルギーを読み取り、戦場でもっとも優位に立てるタイミングで行軍をはじめたり、配牌したりして、効率良く勝利にたどり着くための戦術です。

彼らはエネルギーを個人だけではなく、対集団、そして国を治めるために使っていたのです。

古代の人たちは、地球やその他の惑星の運行によるエネルギー変化を「暦《れき》」としてまとめ、その法則に則って、個人の問題解決から国の統治までおこなっていました
この知識や知恵をまとめたものが「帝王学」として、一部の弟子や子孫に受け継がれていったのです。

ものごとがスムーズに進まない原因は？

それでも「自分のエネルギーの状態はわからないなぁ……」という声も聞こえてきそうですが、とくに心配はいりません。

本来、私たちは自分のエネルギーを本能的にメンテナンスする力を持っているからです。

心理学用語でいう「パーソナルスペース」をご存知でしょうか。他人にこれ以上近づかれると不快になる空間のことです。

心理学的には、この広さは文化や性別、個人的な価値観などで変化すると言われていますが、これをエネルギーの観点から見ると、実はパーソナルエリアとは、それぞれのエネルギーのテリトリーとも言えます。

自分のエネルギーが届いている範囲に、他人が、つまり、他人のエネルギーが入ってくることにより、エネルギーが乱れるので不快感を覚えるのです。

逆に関係性の親しい人とは、このエリアでエネルギーを重ねて、交換したくなるものです。

人によって大小のばらつきはありますが、「ここから先は近づかれたくない」という空間的なサイズ感は誰もが持っているものです。

つまり、エネルギーについての感覚は、教わらなくても持っているのです。

良いエネルギー状態を保つには、このエリアをきれいに保つことも大切ですし、エネルギーが乱れたときにはケアが必要になります。

たとえば満員電車に乗るのは気が重いという人が多いと思いますが、エネルギーエリアを乱し合うのですから、それは当然のことです。

満員電車に乗った後は、コーヒーを飲んだりするなど、気を落ち着けてからでないと仕事に取り掛かれない人もいるでしょう。

エネルギーが乱れたときはケアが必要で、何らかのリフレッシュを求めることはとても自然です。

私たちは、毎日のようにお酒を飲んでいたら、肝臓を休ませるために休肝日をつくったりします。刺激の多い食事が続いていたら、消化の良いものを食べたりします。

つまり、内臓をケアしているわけですが、これと同じように、エネルギーもケアするほうがより良い人生を送ることができます。

内臓をケアしなければ病気を患うように、エネルギーもケアしなければ支障が生じてしまいます。

ものごとがスムーズに進まないという「症状」は、スキル不足やメンタルの弱さなどが原因でなく、たんにエネルギーのケアを怠っている結果かもしれません。

効果的なケアの技法としては、先にあげた「感謝」と「礼」がお勧めです。

満員電車に乗ったらそのたびに、下車後どこかでしっかりと「感謝」と「礼」をして、エネルギーをリセットします。

これを習慣づけるだけで、仕事の能率は上がるはずです。

簡単にできるエネルギーコントロールの技法ですが、ケアの重要性に気づいている人はほとんどいません。

もし、満員電車に乗ることは何とも思わないなら、ケアしようという本能が麻痺しているかもしれませんので、ますますしっかり「礼」をするようにしてみてください。

本能的な癒し

私たちは、自分のエネルギーを維持しようとするのと同時に、エネルギーを使った「癒し」もおこなっています。

気功のようなエネルギーを使った治療は、修行した人やセンスのある人にしかできないと思われるかもしれませんが、そんなことはありません。

たとえば、お腹が痛いとき、無意識に手のひらをお腹にあてたことはありませんか。歯が痛いときは顎に、腰が痛ければ腰に手を当てますね。

そのとき、私たちは無意識に「労宮」という手のひらのツボを患部に当てているのです。

試しにお腹が痛いと想像して、手を当ててみてください。手を当てた場所の中心が、手の中心くらいになっているはずです。そこが労宮です。

手を軽く握ったときに、中指が当たる場所が労宮になります。


労宮はストレスに効くツボと言われ、自律神経を調整し、憂鬱な気分をやわらげることで知られていますが、実はエネルギーを本来の状態に調整するためのエネルギーが、労宮から出ています。

これが癒しのエネルギーです。

労宮から発せられるエネルギーを当てることで、滞りを取り除いて、エネルギーの流れを良くするのです。

よく「手当て」と言いますが、これは文字通り「手を当てること」であり、具合の悪い子どもに母親が手を当てると、痛みがなくなってしまうのが良い例です。

たしかにその通りで、ただ漫然と手を当てるのではなく、しっかり労宮を当てているというのが大事なポイントです。

エネルギーのプラス・マイナス

エネルギーは流れていくものであり、滞ると支障をきたします。

エネルギーコントロールとは、「エネルギーの流れを最適にするための調整」ということです。

エネルギーには、電気的な性格があります。物理的な電流と同じく、エネルギーが身体の中を通るときには、プラスからマイナスへと流れていると考えられています。

このことを体感できるワークがありますので、ぜひ試してみてください。

「プラス・マイナス」実験

1　左右の手の指先を軽く突き合わせた状態で、パートナーに腕を上から押してもらいます。このときにどれくらいの力が出るか確認します。

2　突き合わせていた指先を離して、指を1本ずつずらして（たとえば左手の親指と右の人差し指）先端を突き合わせていきます。

3　同じようにパートナーに腕を押してもらって、先程と比べて、どれくらい力が入るか確認します。

指を1本ずつずらしていくと、途端に力が入りづらくなることがわかるはずです。（この状態が逆になっている方も稀にいます）。

その理由としては、左右の指先にプラス・マイナスのような性格があり、ずらしてしまうとプラス同士、マイナス同士のような状態になって、流れにくくなると考えられています。

こういうエネルギーの性質を知っていると、自然と流れを止めない、良い電流が流れる状態に調整しやすくなります。

さて、ここまでエネルギーの性質を見てきました。

普段から何気なく感じ取っていたものの、「あまり気にしていなかった」ということもあったかもしれません。

しかし、エネルギーに意識を向けてみてください。

自分のエネルギーの状態を良くし、しっかり流れるようにすること、日々ケアしていくことがエネルギーコントロールの基本になります。

エネルギーの流れを整え、コントロールできるようになると、身体や心が健康になります。

さらに世界にあふれるエネルギーの力を最大限に引き出し、使いこなせるようになると、願望が実現できそうだと実感できるようになります。

次の章では、さらに掘り下げてエネルギーについてお伝えしていきます。

LESSON 2
成功者に学ぶ
エネルギーコントロールの
技法

成功者の共通点は？

アインシュタインやレオナルド・ダ・ヴィンチなど、古今東西の成功者たちは、エネルギーをうまく使いこなすことによって、成功を手にしてきました。

エネルギーをコントロールできれば、「何がなんでも成功したい」「この状況から抜け出したい」などと頑張らなくても自然に成功に近づきます。

成功者に共通しているのは「他人から感謝されている」ということです。

「他人の感謝が、そんなにエネルギーに関係するの？」

そう思うかもしれませんが、では「千人に感謝されている状態」と「千人に恨まれている状態」を想像してみてください。

おそらく前者のほうが良いと感じるのではないでしょうか。ここにエネルギーの秘密があります。

たくさんの人に感謝されるということは、「あの人に何かあったら助けよう」と思う人が多いということでもあります。

これは、たくさんの人のエネルギーを得られる状態であることを意味しています。

つまり、外からのエネルギーを自分のものにできているのです。


一方、恨まれている人というのは、何かを成し遂げようとするとき、他人の助けを得られません。

頼るものは自分しかないため、一歩間違えれば、ライバルに足を引っ張られてしまう可能性もあります。「あいつに思い知らせてやりたい」という思いは、空間を超えて相手に伝わります。

これを発展させて、意図的に相手のエネルギー状態を悪い方向に持っていく行為を「呪い」と言います。

呪いは迷信などではなく、エネルギーの観点からすると、実際にそれをおこなうことは可能なのです。

逆に「祝福」や「感謝」のエネルギーを送られている人は、どうでしょうか。身体や心のエネルギー状態が良くなり、成功しやすくなります。

つまり、感謝される人は、エネルギーをしっかり使い切れているということです。

誰も負かさない

では、感謝されて外からのエネルギーを得るにはどうすれば良いでしょうか。

いくつかのポイントがありますが、一番は「誰も負かさない」ということです。例をあげましょう。

松下幸之助さんの有名な成功哲学のなかに「人の意見を聞く」というものがあります。相手がどんなに若者であっても、どんな意見であっても、まずは聞くというものです。

「人の意見を素直に聞くのは難しく、ともすると感心するより、あら探しになりがちです。でも、その中には自分に役立つヒントが少なくありません。お互いに、人の意見はまず感心して聞くように心がけたいものです」

『松下幸之助 強運を引き寄せる言葉』（ＰＨＰ研究所）

意見を聞くというのは、簡単なようで難しいことです。

自分と同じ考えならまだしも、反対の意見だと、ともすれば「ここがおかしい」「間違っている」などと指摘したくなるものです。

とくに経験の少ない相手が自分の意見を否定しようものなら、つい「まったくわかってない！」などと反論したくなってしまいます。

ところが、松下幸之助さんは本当にどんな人の意見も分け隔てなく「とにかく聞く姿勢だった」と多くの人たちが証言しています。

なぜ、そうしたのでしょうか。

なぜ、松下幸之助さんは必ず意見を受け止めたのでしょうか。

それはエネルギーについて理解していたからに他なりません。

誰の意見も否定せずに、「とにかく聞く」ということは、「エネルギーが滞らない」ということです。

誰の意見であっても、自分のもとに他人のエネルギーが入ってきたときに、それを負けさせてしまえば、エネルギーは停滞することになります。

「とにかく聞く」というのは、自分の意見を捨てることではありません。

自分の意見は持っていながらも、それを上から振りかざすのではなく、相手の意見を受け止めるだけです。

もしかすると、結果的に自分の意見を選択することもあるかもしれませんが、あら探ししてしまうのと、いったん受け止めるのとでは、エネルギーの流れはまるで変わってきます。

どんな種類のエネルギーが入ってきても、止めない、否定しない、受け止めるというのはとても重要です。エネルギーの流れを止めてはいけません。

相手の話を聞かない、否定するということは、相手を負かすことになり、エネルギーを押し返したり、押しつぶしたりする行為です。

そうして負かされた相手は、あなたに対して、恨みを抱くかもしれません。復讐心に燃えるかもしれません。

つまり、応援されないばかりか、反撃されるかもしれないのです。これでは良いエネルギーの使い方とは言えません。

自他不敗

誰も負かさない状態のことを武術から生まれた言葉で「自他不敗」と言います。

自分も負けないし、相手も負かさないというのは、どこにもネガティブなエネルギーがないことを意味します。これはとても良好なエネルギー状態です。

戦うことを突き詰めたものが武術のはずですが、その究極の答えは「誰も負かさない」「敵と仲良くなる」ということなのです。

似たようなイメージで、「win-winの関係」という言葉を思い出すかもしれません。

相手も自分もどっちも勝つという意味で、ビジネスシーンにおいて使われることが多いので聞いたことがあるのではないでしょうか。

しかし、このwin-winという言葉は、誰かが負けています。

自分と相手にとっては素晴らしいポジティブな関係かもしれませんが、その外側にはネガティブなエネルギーが生まれています。

つまり、良好なエネルギー状態ではありません。

恨みやつらみ、復讐心など、ネガティブなエネルギーは、いつか自分に戻ってくると考えると良好とは言えないのです。

江戸時代の初期には、すでにこうしたことを突き詰めていた兵法家もいました。真新陰流を学び、自ら無住心剣流を開いた針ヶ谷夕雲《せきうん》です。

夕雲の理想とした立ち合いは「相抜け」でした。

お互いに傷つけ合う「相打ち」に対して、「相抜け」はどちらも負けるのではなく、無傷で負けない状態を指します。

剣によっていかにして相手を倒すかを突き詰めた夕雲が、最終的にたどり着いた境地は「誰も傷つかない」「誰も負けない」ということでした。


松下幸之助さんの、絶対に相手を否定せずに意見を聞くという姿勢は、まさに自他不敗の状態を作り出していたわけです。

松下幸之助さんのような立場なら、損得勘定をする人がたくさんいて、さまざまな意見があっても不思議ではないでしょう。

そうしたなかで、すべての意見を取り入れるのは不可能に近いですが、どんな意見もいったん受け入れることができれば、相手を尊重し、理解を示すことになります。

それが、相手を負かさないということであり、わかり合うポジティブなエネルギーを生み出していたのです。

こういう人は応援され、成功していきます。ごく当たり前のことかもしれません。

エネルギーをフルに活用するには？

勝ち負けに関して、古今の成功者たちが自然におこなっているエネルギーの行動原則があります。

それを簡単に体感できる実験がありますので、パートナーと試してみてください。

「勝ちます」VS「負けません」実験

1　ペアになります。
2　ペアになったひとり（Aさん）は「私は負けません」と言います。もうひとり（Bさん）は「私は勝ちます」と言います。
3　立って腕相撲をします。
4　役割を交代します。今度は、Bさんが「私は負けません」と言います。Aさんが「私は勝ちます」と言います。
5　立って腕相撲をします。

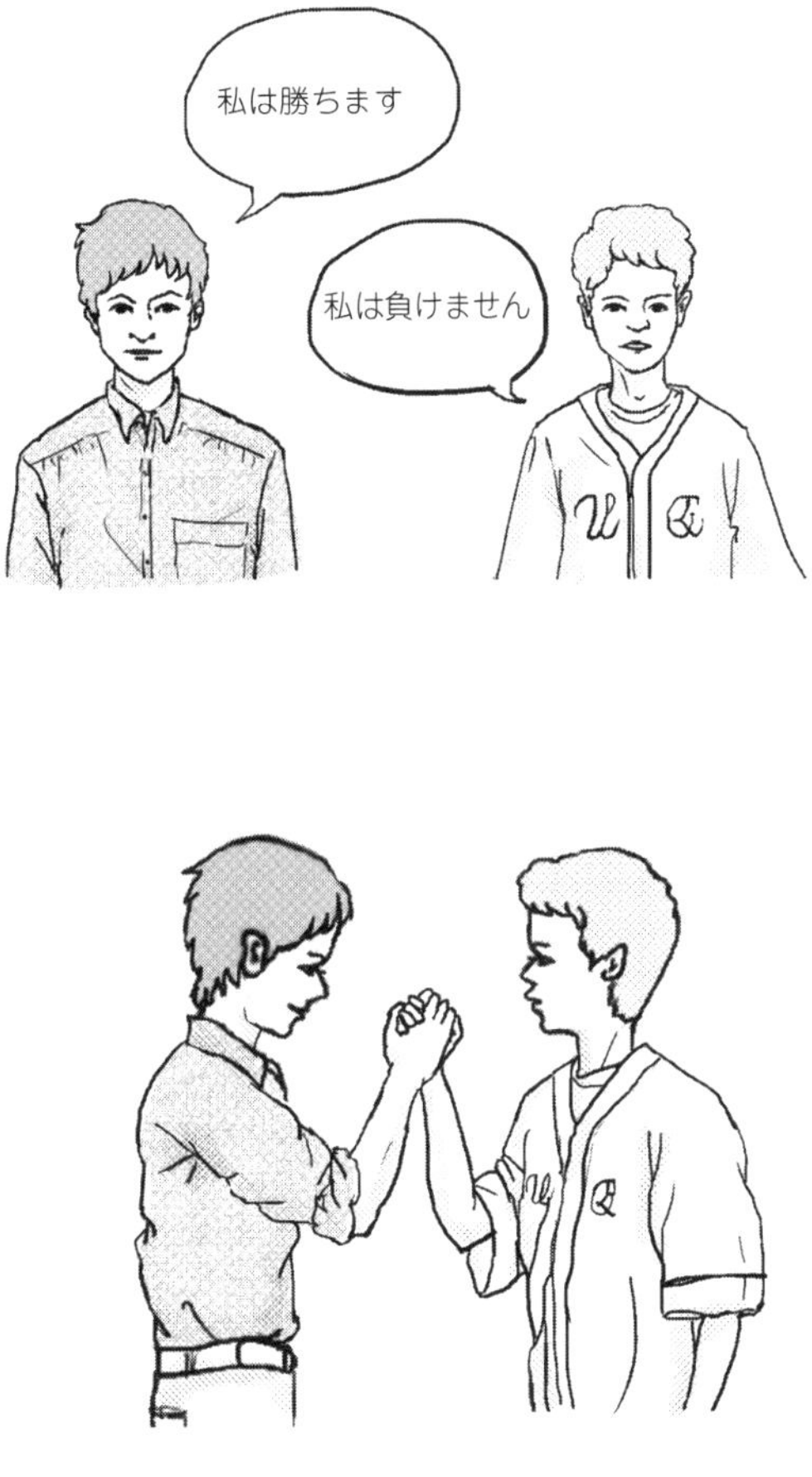
私は勝ちます
私は負けません

試していただければ納得してもらえると思いますが、「私は勝ちます」と言ったときよりも、「私は負けません」と言ったときのほうが、しっかりと力を出せたはずです。

つまり、勝ち負けでいうと、「私は勝ちます」と言うより、「私は負けません」と言うほうが力が強く出るのです。


この理由はシンプルです。

「負けない」は自分の問題です。極端なことを言えば、相手にどれだけ殴られたとしても、「まだ負けてない」と言えば負けたことにならないわけです。負けたかどうかは、自分で決めることだからです。


一方、「勝つ」というのは他人を巻き込みます。

一見「負けない」と「勝つ」は同じ状態のように見えますが、「勝つ」ためには誰かが負けなければなりません。

ですから「勝つ」という表現は、他人の「負け」がセットになっていて、自分だけでは決定できないのです。

エネルギーの観点から言えば、「負けない」はすべて自分に関わることなので、口にしたときにエネルギーが途切れることなく全身に流れていきます。

ところが「勝つ」は、他人の意識や状態を巻き込むため、自分ひとりではすべてを取り仕切れません。

そのため、他人の意識や状態を巻き込む「勝つ」という言葉を口にすると、エネルギーの流れが途切れてしまうのです。

体内で電気信号が途切れ、エネルギーが行き渡らない状態を生み出してしまいます。

つまり、「自分で全責任を取る」ということが、エネルギーを全身にみなぎらせる状態を生み出すわけです。

エネルギーをフルに活用するには、自分の行動に責任を取れる状態であることがとても重要になります。

主体的な意識が状況を変える

誰かを巻き込んだ状態、つまり、自分だけではコントロールできない状況に依存するとき、私たちの体内に流れる電気信号は途絶え、エネルギーは滞ります。「他人のせいにするのは良くない」ということの本質は、エネルギーの巡りが途絶えることにあります。

夢や理想を実現する人は、そのことに気づいているので、行動に責任を持ち、エネルギーをフルに使える状態を維持しています。

うまくいかないことを誰かのせいにしていると、エネルギーを良い状態に維持できません。

このわずかな意識の違いでエネルギーは流れたり、止まったりするのです。

「負けない」と「勝つ」のように、一見すると同じように思えることであっても、自分自身の意識（捉え方）により、あっという間にエネルギーの状態は変化します。
重要なのは、あなたが自分の現実をつくる当事者になるという意識です。

例をあげてみましょう。たとえば、誰かに腕をつかまれて「痛い」と思ったとします。ところが、このときに「つかまれている」のではなく、「つかませている」と意識することで、グッと痛みは軽減します。

痛みを与えられる状態はなかなか再現しづらいのですが、たとえば足ツボマッサージを受けていたとして、「押されている」「痛くされている」と思うより、「押させている」「ツボを刺激させている」と思うほうが痛みは軽減します。

もうおわかりと思いますが、「つかませている」「押させている」場合は、自分が現実に対して全責任を取っている状況なのでエネルギーに滞りが起きません。

逆に、「つかまれている」「押されている」という受動的な捉え方をした途端、エネルギーの流れが悪くなるのです。

前者は自分でエネルギーをコントロールできるので、「痛い」という状態を自ら改善できます。

しかし、後者のように受け身になってしまうと、エネルギーをコントロールできなくなりますので、痛みもただ発生するに任せることになります。

この違いについてもパートナーがいれば簡単に実験できますので、試してみましょう。

「主体性」実験

1 ペアになります。
2 両腕を揃え、Bさんは A さんの片手を押さえます。
3 Aさんは「腕を持たれている」と言ってから、Bさんの手を外すように持ち上げます。
4 次に、Aさんは「腕を持たせている」と言ってから、Bさんの手を外すように持ち上げます。

※持ち上げるときは急に力を入れるのではなく、ゆっくりじわじわと力を入れるようにします。

「腕を持たれている」と言ったときよりも、「腕を持たせている」と言ったときのほうが、力が入ることを実感できたはずです。

これは痛みのときと同じく、エネルギーをコントロールできているためです。

実はこの法則は、人生におけるどのような場面にも応用できます。

「〇〇されている」「〇〇させられている」という受動的な意識でいるうちは、エネルギーをコントロールできません。

「〇〇している」と主体的になることで、エネルギーをフルに活用できるようになります。

どんなに苦しい状況であっても、ひとたび「〇〇させている」という主体的な意識を持つことができれば、頑張らなくても問題は解消し、一気に状況は良くなっていきます。

夢や目標のエネルギー

主体的な意識がエネルギーをコントロールできるように、夢や目標もエネルギーに大きな影響を与えます。

夢に向かって頑張っているときというのは、エネルギーが通った状態です。好きなことに励んでいるときにエネルギーが溢れることは、経験的におわかりいただけると思います。

反対に、好きでもないことに頑張らなければならないときには、エネルギーの力は発揮されません。

私はその昔、「コンピューターの技術や知識を持っていれば、一生食うに困らないだろう」という安易な理由でプログラムの会社に就職したことがあるのですが、入社してすぐに「自分にはプログラミングは向いていない」と気づきました。

ミスが多く、どうしても残業が増えていました。業務後もコンピューター言語の勉強をしなければならず、苦痛に満ちた日々が続いていたのです。

今考えてみると、エネルギーの回路がまったくつながらない状態だったのです。私にとってプログラミングの仕事は、「今の時代に合っているから」という理由で選んだだけで、そもそも興味がなかったのです。

ところが、その職場にひとりだけ明らかに光り輝いている同期がいました。彼はクライアントとの打ち合わせに参加し、プロジェクトの構築にも携わっていて、毎日とてもイキイキとしていました。

そんな彼とどういうわけか仲良くなり、仕事後は毎日のように食事に出かけました。彼は食事の席でも、キラキラと目を輝かせながら「あのプログラムはここがおもしろい」「今度のプロジェクトでは、こんな企業と仕事ができる」と、イキイキと話をしていました。

彼の嬉々とした様子を目にしていたとき、私の頭の中でウェイクアップコールが鳴り響きました。

「そうか、好きなことを仕事にすれば、こんなに毎日が楽しいのか」
このときに感じたすがすがしく透徹とした感覚は、今でもはっきりと思い出せます。滞っていたエネルギーが通った瞬間でした。

同じ職場にいて、同じような仕事をしていたとしても、プログラミングが好きで夢もあった彼と、夢によって生まれるエネルギーもまったく使えていなかった私とで、エネルギーの大きさが違うのは当たり前のことです。

今は「好きなことを仕事にしよう」ということもよく言われていますが、それでも「好き嫌いで仕事を選ぶなんておかしい」「好きなことでお金を稼げるわけがない」という考えをお持ちの方も少なくありません。「仕事は仕事なのだから、つらくても我慢しないといけない」という考え方もあるかもしれません。

どのような考え方をするかに正解も不正解もありませんが、好きでもないこと、夢を持てないことに頑張ることほど不毛なことはありません。

かつての私のようにエネルギーをまったく使えないため、そこでどれだけ頑張ったとしてもけっして良い結果は生まれないからです。

逆に、好きなこと、夢を持てることに邁進しているときには、プログラミングが得意な彼のように、フルにエネルギーをコントロールできますので、頑張らなくてもうまくいきます。

私のことで言えば、プログラムの仕事をしていたときと今とを比較してみると、頑張っていたのはプログラムの仕事をしていたときですが、精神的な充実や幸せは比べるまでもなく今のほうがはるかに感じています。

頑張っているのにうまくいかないとき。それは能力やスキル不足が原因なのではなく、やっていることそのものが間違っている可能性があります。

エネルギーを使いこなせば、現実世界を自分の意図に沿って変えていくことができるからです。

夢と志のエネルギー

夢や目標を持つことの話をもう少し続けましょう。

エネルギーの観点で言えば、個人的な夢よりも、抽象度の高い志のほうが大きなエネルギーが流れます。

ここでの定義は、夢というのは「役者になりたい」「独立したい」「家を買いたい」「あのクルマを手に入れたい」など、個人的な目標になります。

一方、志というのは着地点が自分自身を超えて、たとえば「世界を良くしたい」「人々を幸せにしたい」「地球環境を守りたい」といった広がりを持っています。

ほとんどの成功者は高い志を掲げていますが、そこには大きなエネルギーが流れています。

夢と志についてもまた腕相撲で実験できますので、試してみてください。

「夢」vs「志」の腕相撲実験

1　ペアでAさんBさんを決めます。

2　そのまま腕相撲をしてみます。だんだんに力を入れて、お互いに思い切り力を入れたらどうなるか、の感覚を試します（このときどちらが勝つのでも構いません）。

3　そして、まずAさんが「世界の平和に貢献したい」といった志を口にします。Bさんは「〇〇を手に入れたい」などという夢を口にします。

4　すぐに向き合って、腕相撲をします。お互いの力の入り具合の変化を確認してください。

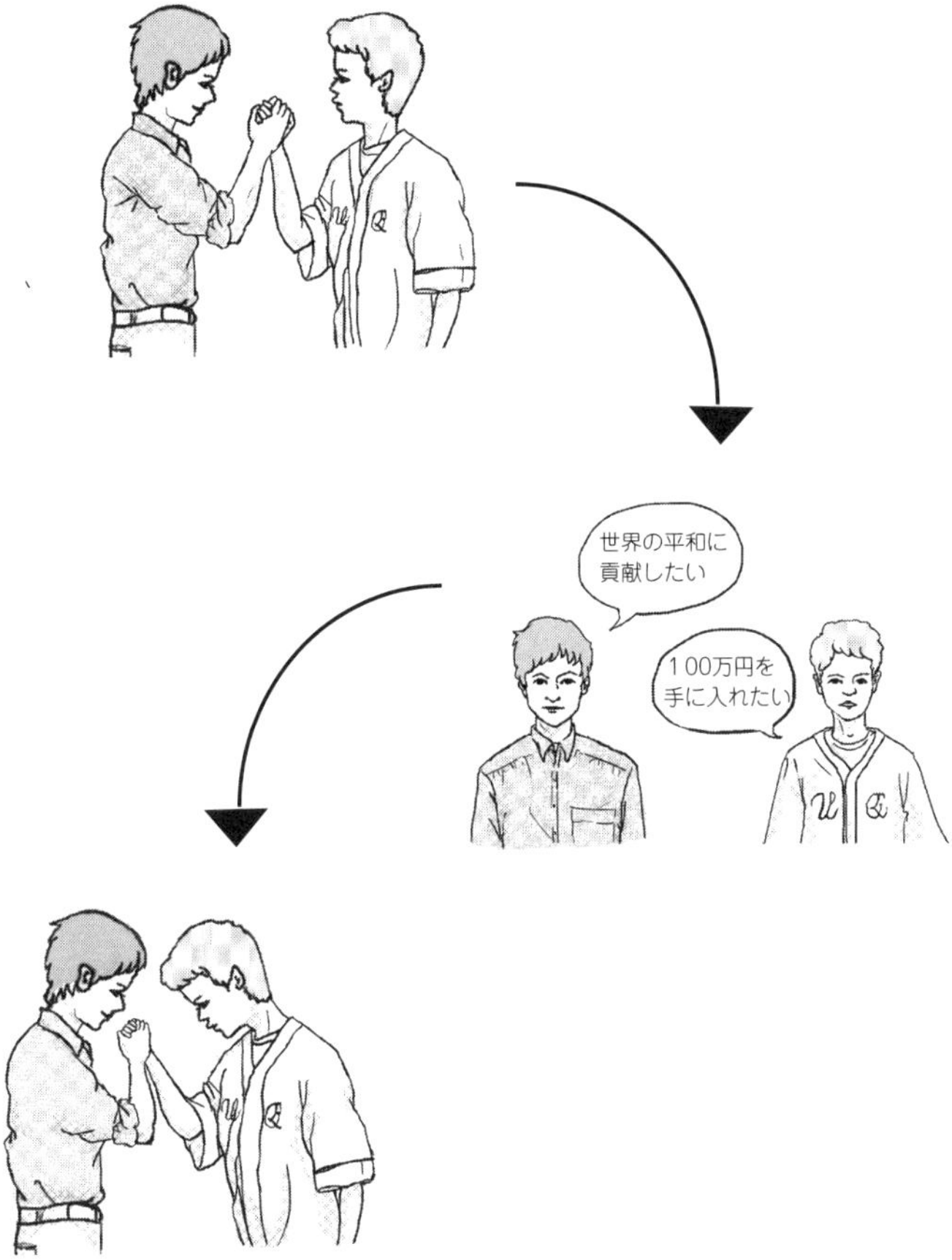
世界の平和に
貢献したい
100万円を
手に入れたい

「夢を口にしたとき」と「志を口にしたとき」で比べると、腕の力の入り方が違うことに気づかれたと思います。

この腕相撲実験をすると多くの場合、性別や体格、筋力などの差を超えて、志が夢に勝つことが圧倒的に多いのです。

つまり、夢より志のほうがより多くのエネルギーが流れているということです。

「やらされている」という受動的な意識ではなく、主体的に目標に向かっていれば、夢であっても志であってもエネルギーは流れます。

しかし、夢ではなく、抽象度の高い志のほうが、身体を巡るエネルギは強くなるのです。


志が高くなればなるほど、抽象度が上がれば上がるほど、強いエネルギーが流れます。それは、エネルギーによって引き出されるあなたの潜在能力も、違うものになってくるということです。

志について、松下幸之助さんは著書『道をひらく』（ＰＨＰ研究所）で、次のように記しています。

「志を立てよう。本気になって、真剣に志を立てよう。生命をかけるほどの思いで志を立てよう。志を立てれば、事はもはや半ばは達せられたといってよい。志を立てるのに、老いも若きもない。そして志あるところ、老いも若きも道は必ずひらけるのである」

「少年よ、大志を抱け」に込められたエネルギー

「少年よ、大志を抱け」というのは、クラーク博士が農学校の生徒に伝えたもので、これからの日本の発展を担おうとする青年たちとの別れ際、彼らを鼓舞するのにぴったりな言葉です。

実は、クラーク博士が本当にそう言ったかどうかは議論の余地があるようですが、

昭和39年の朝日新聞『天声人語』に、以下の文章が引用され、「少年よ、大志を抱け」は全国的に知れ渡りました。

“Boys, be ambitious! Be ambitious not for money or for selfish aggrandizement, not for that evanescent thing which men call fame. Be ambitious for the attainment of all that a man ought to be.”

「青年よ大志をもて。それは金銭や我欲のためにではなく、また人呼んで名声という空しいもののためであってはならない。人間として当然そなえていなければならぬ、あらゆることを成しとげるために大志をもて」

このとき添えられた訳文が右記になります。

Ａｍｂｉｔｉｏｕｓには「野心」や「野望」という意味がありますが、これを「志」でもなく、「大志」と訳したところに、当時の大人たちの思いを読み取ることができます。

未来の日本に向け、持てる力をすべて引き出して貢献できる人間になってほしいという思いです。

「野心」や「野望」ではなく、「大志」としたことで、この言葉そのものが持つエネルギーも大きくなっています。

エネルギーコントロールの本能を呼び覚ます

エネルギーの流れがよくなることで、力を引き出せる例について見てきましたが、エネルギーというのは、自分の中にだけあるものではありません。

私たちが生きているこの空間にも、エネルギーは溢れています。

それは電気のように目では見えないものですが、さまざまな情報を含んでいるため、私はこの世界すべてを包括して「情報空間」と呼んでいます。

原初の人間は当然のように、この情報空間につながり、エネルギーを使って交信したり、獲物を捕らえたりしていました。

いわゆる成功者たちも自覚しているか、していないかの違いはありますが、情報空間につながることで外のエネルギーを自分のものにしているのです。

こういうと怪しい魔法のような印象を受けるかもしれませんが、この能力はもともと人間に備わっていたものです。両足を使って歩くのと同じように、ごく自然に使っていたのです。

科学やテクノロジーが進化するにつれ、この能力を使う機会は減っていき、いつしか私たちがそうした能力を持っていたことさえ忘れられてしまいました。

しかし、本書の冒頭でお伝えしたとおり、時代は今、根本から大きく変わろうとしています。

これまで当然のことと考えられていた認識や思想、社会全体の価値観などが劇的に変化するパラダイムシフトが起きています。

2012年末にはマヤ暦が終わり、当時は「終末が来るのではないか」と騒がれていましたが、私はこの時期は終末という恐ろしいものではなく、宇宙のエネルギーの大転換期だったのだと思っています。

というのも、2012年末から明らかに地球のエネルギーが変わったと感じるからです。


よく言われることですが、この時期から急速に二極化が進んでいます。良い状態の人はさらに良く、悪い状態の人は目を背けたくなるほど悪くなっています。

こうしたことは、各々の無意識レベルで選択していることですが、それが2012年以前よりも顕著に現れるようになっています。

あなたも同じようなことを感じているかもしれません。


これからの時代は、個人の欲望のために争うのではなく、大きな志と調和に向かう時代になるはずです。

その兆しは、たとえば物やサービス、場所などを多くの人と共有・交換して利用する「シェアエコノミー」の考え方や、共感したアイデアやプロジェクトに対して、その実現に向けて応援のお金を提供する「クラウドファンディング」の仕組みなどにすでに見られ、この流れは今後ますます加速していくものと思われます。

エネルギーコントロールの技法を習得することは、本来の力を取り戻すことに他なりませんが、こうした変革の時代を生き抜く術でもあります。

次章では、情報空間につながるための基本となる「ゼロ化」について詳述します。

LESSON 3
ゼロ化のすごい力

「ゼロ化」とは？

1991年のUSオープンの決勝で、ステファン・エドバーグが、ジム・クーリエを破った試合は伝説として語り継がれています。

エドバーグは完璧でした。

すべての動きに無駄はなく、対戦相手のクーリエに「あれじゃ何もできない」と言わしめ、メディアはこの試合のエドバーグを「まるで自動操縦（オートパイロット）のようだった」と評しています。

本人も試合中の自分について「夢を見ているようだった。なんでもできる気がした」と振り返っています。

おそらくエドバーグはゾーンに入っていたと思われますが、これからお伝えする「ゼロ化」はこれに近い状態と言えます。

どこにも無駄な力が入らず、リラックスした状態でエネルギーをコントロールできるようになります。

普段の状態は、情報空間との間に敷居がありますが、この敷居が下がった状態になると、自分という枠を超えて、情報空間にあふれるエネルギーとつながることができるのです。

ゼロ化に至るポイントは、いたってシンプルです。

①「感謝」と「礼」
②目的の設定
③みぞおち呼吸

シンプル過ぎて拍子抜けするかもしれませんが、習慣として定着させるまでは、やや苦労するかもしれません。

それは意図的にゾーンに入るために、アスリートがさまざまな努力をするのに似ています。

ゾーンに入るための方法として有名なのは、ルーティンです。ルーティンとは「ルート」から来た言葉で、いつも同じルート（道筋）をたどる行為のことです。

球場入りしてから、いつも同じ順番で同じトレーニングを重ねるイチロー選手のルーティンについては、これまでもテレビや雑誌などでも取り上げられています。

イチロー選手はもちろん、多くのアスリートは、できる限り同じリズムで暮らし、試合で１００％の力を発揮できるように努力しています。

ルーティンを重ね、「いつもどおり」を整えることで、気持ちが乱れず、余計なことを考えることもなくなり、プレイに集中できるようになるのです。

ルーティンを思考しない状態に誘導する糸口としているわけです。

エネルギーをニュートラルに維持する

ゼロ化は、エネルギーが過剰でも不足でもない、プラスでもマイナスでもない「ゼロ」の状態になることです。

ゼロになることで、情報空間との「結び」が生じて、そこにあるエネルギーを使いこなせるようになります。

エネルギーは電気のように流れていて、バランスは刻々と変わるため、ゼロ化のプロセスは、アスリートのトレーニングのように毎日繰り返しおこなうようにします。

ちなみに「元気」というのは「気」が「元」に戻っている、つまり、エネルギーがニュートラルな本来の状態のことです。

「陽気」というのは、「気」が「陽」に傾いている、つまり、エネルギーが過剰な状態を指し、「元気」とは意味合いが違います。

陰陽で言えば、陰が強すぎるのは良くない状態ですが、陽が強すぎるのも良い状態とは言えません。どちらもバランスを失っている状態だからです。

たとえば、アクティブな自己啓発セミナーは、「陽」のエネルギーが強すぎる例です。こうした場に参加すると、気分は文字通り「高揚」し、何でもうまくいく気分になりますし、モチベーションも上がるでしょう。

ところが、過剰な「陽」の状態になると、その後は必ずバランスを取ろうとするため、気分は「陰」に傾きます。

家に帰って、ひとりになると、何でもうまくいくと高揚していた気分から、一転、「失敗したらどうしよう……」「うまくいかなかったらどうしよう……」などと絶望に襲われます。

強すぎる「陽」の後には、強すぎる「陰」の状態になるのです。

エネルギーをプラスでもマイナスでもない状態にするには、ゼロ化を維持することが大切です。そのためのルーティンは欠かせません。

では、ポイントの1～3について、順番に解説していきましょう。

①「感謝」と「礼」

ゼロ化は、第1章でお伝えした「感謝」と「礼」が基本となります（32ページ参照）。

「礼」は、感謝の心を身体で表現する技法です。つまり、身体でつくる「最上級の感謝のかたち」になります。

よく「感謝することが大事」と言いますが、これは本当です。感謝はものごとを、そして世界を肯定する姿勢だからです。

否定の態度は、そこにあるエネルギーと「結び」を起こせないため、エネルギーの通りが悪い状態になってしまいますが、心から感謝をして肯定すると、情報空間を信頼するエネルギーとなり、「結び」の状態をつくり出せるのです。

ですから、礼をするときには、心を込めて「ありがとう」と言う必要があります。

言葉としてただ「ありがとう」と口にするだけでは、信頼のエネルギーにならないため、あまり意味がありません。

たとえ声に出さなくとも、気持ちを伴うことが大切です。

また、ただ頭を下げるだけというのもよくありません。

「最上級の感謝のかたち」ですから、しっかりと背筋を伸ばし、両脚もぴんと伸ばして、首筋を曲げないようにします。

日本には古くから、さまざまなものに作法が存在し、私たちの心を表現するものとして、いつも大切に扱われてきました。

神社でお参りする際の礼儀作法のひとつに二礼二拍手一礼があり、茶道や華道、柔道や剣道などにも作法があります。

作法は、その道に向かう者としての心構えを習得するためのものであり、作法を伴わずして体得はありえません。

とはいえ、作法にとらわれ過ぎると、「感謝」の気持ちを込めることを忘れてしまいがちです。神経質になり過ぎないように気をつけながら、ルーティンにすることを目指しましょう。


正しく「感謝」と「礼」をできているかどうかは、「礼」をした後に、パートナーに協力してもらえば、すぐにチェックできます。

正しくできていれば、「礼」の直後に腕相撲をするとスッと勝てるためです。

第1章ではこれを「結び」ができているからと説明しましたが、より正確に言うと、相手と「結び」ができているだけではなく、情報空間とも「結び」の状態になっています。

慣れるまでは、「礼」をする前後で比べてみることをお勧めします。

「感謝」と「礼」は3秒ほどでできますので、これを朝昼晩と1日3回続けていきます。たったこれだけでも日常は変わりはじめますので、疑うよりも先にはじめてみてはいかがでしょうか。

② 目的の設定

目的の設定では、自分の意図をエネルギーとして情報空間に伝えていきます。

前章でお伝えしたとおり、個人的な夢よりも、抽象度の高い志のほうが大きなエネルギーとなりますが、志を立てられるまでは「今日のプレゼンは成功します」というような具体的な課題で構いません。

大事なポイントは「○○したい」という願望にするのではなく、「○○します」「○

○する」と宣言にすることです。

宣言することで、求めていた条件に合った情報や人、ものなどが情報空間から集まりはじめます。腕相撲を勝たせてくれたのと同じです。

願望が自動的に現実化していくことを「引き寄せ」とも言いますが、こうした現象が起きるのは、情報空間との「結び」ができているためです。

「素敵な人と出会いたい」「お金の不安をなくしたい」といった願望があっても、なかなか期待したとおりの現実を引き寄せられないと、その理由を「私が信じ切れていないから」「思考がネガティブだから」などという人がいます。

しかし、原因はそれだけではありません。

信じるに越したことはありませんが、うまくいかないというのは、しっかりと目的を設定できていない可能性もあります。

たとえば、「仕事はつらいもの」という思い込みがあるなかで、「私の開業は成功する」と宣言したとします。

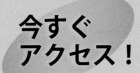

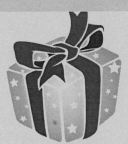

この場合、開業はうまくはいきますが、解決しなければならない問題や越えなければならない壁がどんどん出てくるでしょう。

つまり、「つらい仕事」が現実化されているのです。

ですから、目的を設定するときには、次の例のように「みんながワクワクして楽しめる」「笑顔になる」などと入れておくことをお勧めします。

【宣言の例】

「今回の新店舗の開業が○月○日までに、ラクラクとスムーズにワクワクしながら、みんなで協力しあって簡単に実現する」

そして、

「開業後、お店のスタッフがイキイキと働くことができて、お客さんもお店に来ることを心から楽しみで幸せになる」

③　みぞおち呼吸

「感謝」と「礼」と並んで、ゼロ化の促進に役立つのが、「みぞおち呼吸」です。

みぞおち呼吸では、邪気を排出します。邪気とは体内の古い「気」や、ストレス感情のエネルギーのことです。

ストレスが溜まってくると、みぞおちが固くなってきます。

みぞおちが、必要以上に固くなると我慢できなくなり、いわゆる「キレやすい人」になってしまいます。

逆にみぞおちをゆるめることによって、心のゆとりが出てきます。ルーティンに取り入れるようにしてください。

みぞおち呼吸

1　みぞおちに両手の指先（人差し指から小指まで）を当てます。

2　上体を前に倒しつつ、口から「ハァーっ」と息を吐きながら、指先でみぞおちを押さえていきます。このときに溜まっているストレスや毒素が口から出ていくイメージをします。

3　指をゆるめて、息を吸いながら上体を起こしていきます。

4　これを10回ほど繰り返します（みぞおちがやわらかくなるまでやるのがベストです）。

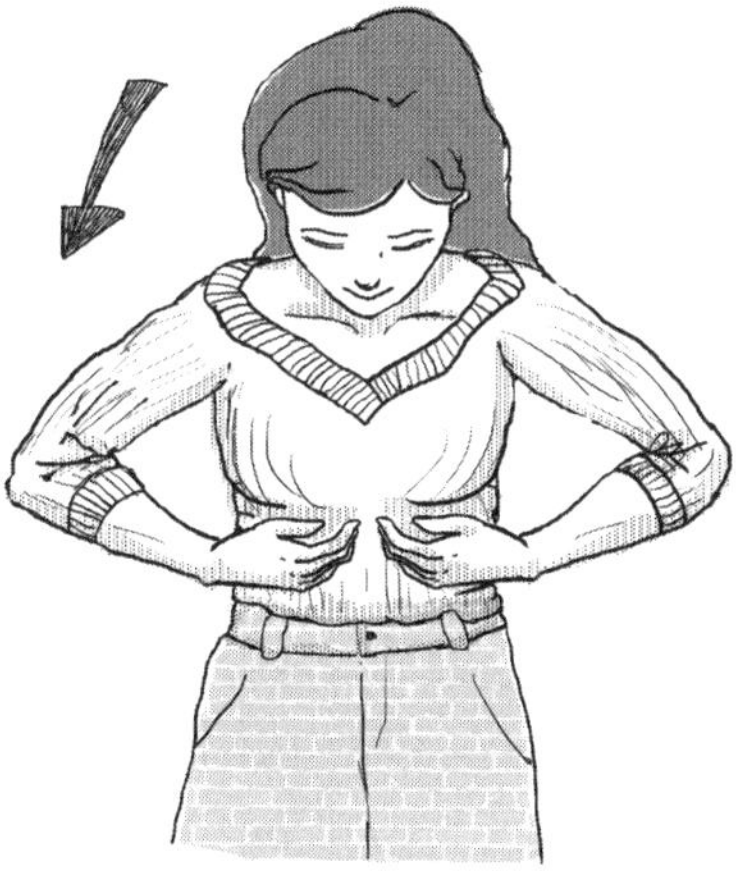

ゼロ化をキープする過ごし方

原初の時代には、「ゼロ化」から始まるエネルギーコントロールが当然のようにおこなわれていて、日本の神事における祭礼もその流れに則っています。

たとえば、ゼロ化は日本の昔からの言葉で言えば、禊です。禊は、神道で罪やけがれをはらう行為であり、余計なものを取り去る行為ですから、ゼロ化と同義と言えます。

つまり、神事でおこなわれる禊とは、ゼロ化によって情報空間につながるための最初の儀式であり、それによって「結び」を起こしているわけです。

現代では、これを「クリアリング」と表現しています。

そして、この状態から、さらに音楽や舞踊などが加わるのが「祭り」です。祭りは、この「結び」を強化して、できるだけその状態を維持するためにおこなわれます。

さらに、祭りでは「祈り」を捧げます。五穀豊穣、世界平和などの祈りは、目的の設定のことです。

祭りで祈りを捧げることで、初めて「結び」によって得られるエネルギーの方向性が定まるのです。

こうして「実り」、つまり、成果を上げる状態へとつながっていきます。


神事は、細かいところまで定められている決まりごとの世界です。前述したルーティンもこれと同じ理屈で、余計な思考や邪念が入る隙がなく、ただ実り（成果）に向かうようになっています。

そのような状態を作りだすための理想的な毎日の過ごし方を参考までに考えてみました。

●朝起きたら「みぞおち呼吸」で邪気を排出する

できる限り、毎日同じ時間に起床するようにし、起きたらすぐに前述のみぞおち体操をして邪気を排出します。

●「感謝」と「礼」&目的の設定

「感謝」と「例」できちんとゼロ化して、目的の設定もおこないましょう。

余計なことを考えないことが大切なので、朝起きたばかりで、大脳がまだのんびりしている時間はゼロ化しやすいタイミングになります。

●熱い風呂に入って全身のエネルギーを活性化

朝はかなり熱い風呂に、5分ほどさっと入ることがおすすめです。温度は42〜45℃が目安で、ぎりぎり入っていられるくらいにします。

胸のラインまでしっかり浸かると、風呂から上がったときには肌が赤くなりますが、全身すみずみまでエネルギーを活性化できます。

風呂はもともと禊の意味もあり、ゼロ化しやすい状態をつくり出します。

●昼ごろに2回目の「感謝」と「礼」

会社勤めの場合は、オフィスについたところで「感謝」と「礼」をして、通勤で乱れたエネルギーを整えてから仕事に取り掛かりましょう。

これとは別に、昼に2回目の「感謝」と「礼」をします。

できる限り毎日、同じタイミングでやれるように「ランチ後に必ず」などと決めてしまうほうが良いでしょう。

このとき、午後の仕事について目的も設定します。

人前でするのが難しい場合はトイレでもかまいません。

●夜に3回目の「感謝」と「礼」

できれば帰宅してすぐに「感謝」と「礼」をします。

これも時間帯は毎日同じくらいにするのが理想ですが、残業などもあると思いますし、日によって変わってもかまいません。

●ぬるめの湯で半身浴

夜の風呂は、朝とは違って、38～40℃くらいのぬるめの湯にのんびりと浸かりましょう。半身浴もお勧めです。

夜の風呂は、リラックスして眠り、次の日もしっかりとエネルギーを使えるようにするための大切なプロセスです。

「鬼のツノ」を取る

仕事が忙しかったりするときには、風呂に入ってもなかなか切り替えができないかもしれません。

ゼロ化とは、エネルギーがプラスでもマイナスでもない状態、過剰でも不足でもない状態ですので、リラックスできないときには、風呂に入っているときに「鬼のツノ」を取るツボを刺激してみましょう。

「鬼のツノ」を取るツボ刺激

1 ぬるま湯に浸かりながら、目からまっすぐに上がった線と、耳の脇から上がった線が交わる点を探し、指先で刺激します。

2 ぼんやりしてくるまで、トントンと根気よく刺激を入れていきます。

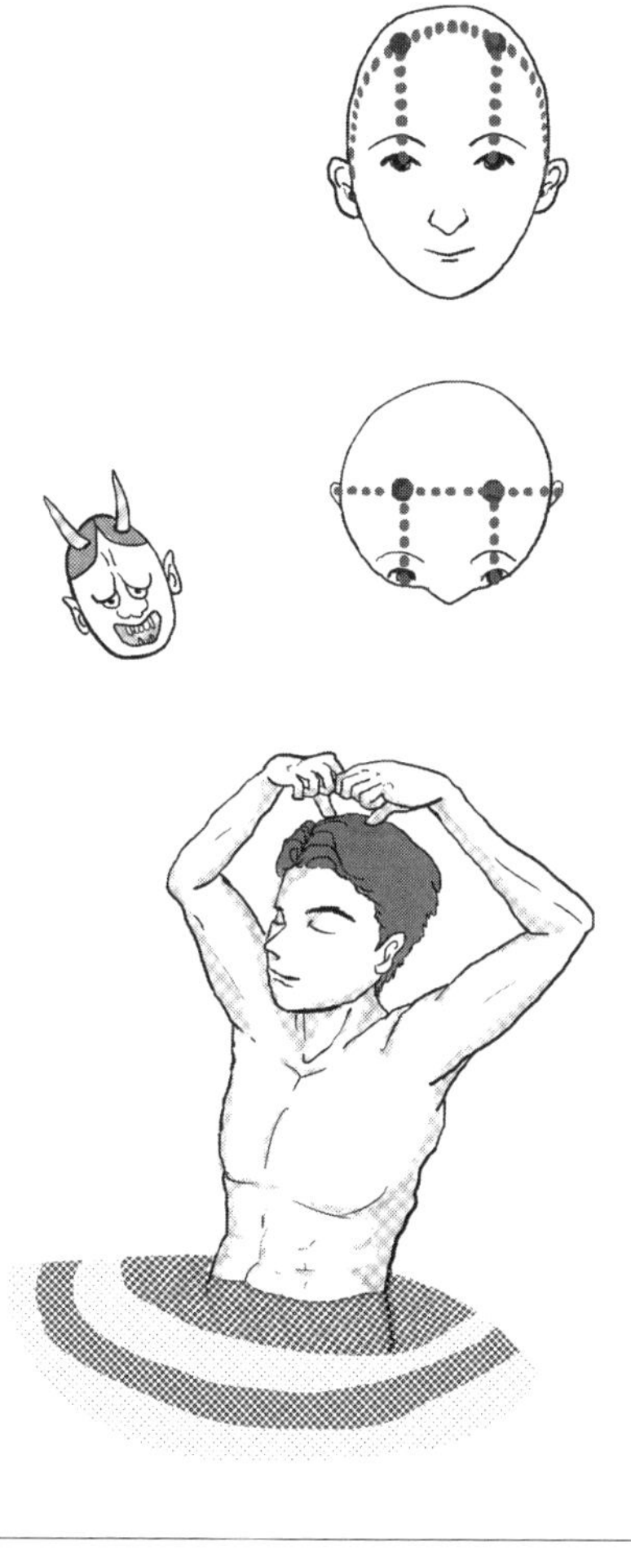

怒っている人に対して、「ツノが生えている」と言うことがありますが、エネルギーの流れを整えることが当たり前だった昔の人は、ここに本当にツノが生えているのが見えていたのかもしれません。

目の上からまっすぐ上がったところと、耳の脇から上がったところが交わる2つの点は、まさに鬼のツノが生える位置に見えます（ヨーロッパだったら悪魔のツノかもしれません）。

何かにとらわれ、「頭がいっぱいいっぱい」と感じるときには、この部分のエネルギーが滞った状態なので、しっかりほぐして、脳内をゆったりとリラックスさせていきます。

不安や恐怖から抜け出すには？

不安や恐怖はエネルギーを大量に浪費してしまいます。

それは「真剣」だからです。

人間の防衛本能で、安全でない状況下にあると、その解決に無意識に大量のエネルギーが浪費されます。

鬼のツノを取れば身体はかなりリラックスしますが、普段から不安を感じやすかったり、本当に何か恐いことがあるという場合には、さらに次のワークを試してみてください。

私自身もこのワークに助けられた経験があるのでよくわかりますが、やってみると意外なくらいすっきりします。

このワークは、実際にペンを持って書き出します。

実際に書き出していくという行為が、「すでに問題解決に向かっている」というメッセージを脳に伝えることになり、どうしようもない不安や恐怖もやわらげてくれるのです。

ぐるぐる思考を止める「書き出し」ワーク

1　自分が怖いこと、イヤなことなどを端から書き出します。
2　すべて書き終わったら、それぞれについての最悪の結果を書き出します。
3　さらに、それに対する対処法を書き出します。

たとえば、「今のプロジェクトが期日に間に合うか不安」という場合、間に合わなかったときの最悪な結果を考えます。

最悪な結果

・会社の信用を落として降格になる
・降格になることで給料が下がる
・仕事ができない人だと思われる

対処法

・降格になって給料が下がったら、毎月のムダ遣いを見直して節制する
・自分が本当にワクワクするプロジェクトを上司に提案して信頼を回復する
・転職を考える。

頭がぐるぐると考え出して止まらないときというのは、「うまくいかなかったらどうしよう……」「納期に間に合わなかったらどうしよう……」「フラれたらどうしよう……」などとほとんどの場合、同じことを考えています。

最悪の結果は誰でも怖いですし、何があっても避けたいものですが、ここから逃げていると、心配や不安が大きくなり、「どうしよう……」という思考が止まらなくなるのです。

私たちの心理パターンは「期待」や「希望」は萎えやすく、「不安」や「心配」は膨張しやすい傾向にあります。

覚悟を決めて、このワークでもう最悪の結果をすべて書き出し、さらにそれに対する対処法も書き出すことで、ぐるぐると考え続けることを止められます。

繰り返しますが、書き出すという行為そのものが、「すでに問題解決に向かっている」というメッセージを脳に伝えることになるのです。

仮に、また同じことを考え出しても「あそこにすべて書いてある」と思うことで、ぐるぐるに突入しないですみます。

心配事で思考がぐるぐるとしているのは、せっかく持っているエネルギーを浪費している状態で、いわばエネルギーロスです。

どうしようもない不安や恐怖をやわらげ、さらにこのワークで出てきた対処法を日々の目的に設定にすると、問題解決はより早くなります。

変われないときには観念を疑う

本章でお伝えしたことを実践していくことで、エネルギーコントロールできるようになりますので、願望も実現に向けて動き出します。

そのためのチェックポイントは、次の3つです。

①　ゼロ化できているか
②　情報空間との結びができてきているか
③　目的をしっかり投げかけたか

①のゼロ化ができていれば、②の「結び」は自動的に起こります。

ただし、ゼロ化が不十分だと、結びも弱いままになってしまうので、「感謝」と「礼」にしっかりと取り組んでいただければと思います。

また、信じるか信じないか、ネガティブかポジティブかということは、ここではあまり関係ありません。

むしろその間にある、プラスでもマイナスでもない状態、過剰でも不足でもない状態、つまり、ゼロ化できているかどうかが重要です。

ゼロ化ができれば、思考は関係ありません。

そして、③の「どうしたいか」という目的の部分です。

目的を願望ではなく、「○○します」「○○する」と宣言して情報空間にしっかりと投げかけます。

この3つができていれば、自動的に願望は実現します。

ただし、今の状況が苦しくて、どうにか変えたいと頑張っているにも関わらず、何も変わらないというときには、あなたに「人は苦労しないといけない」「痛みを伴わないといけない」「お金があっても幸せになれない」などという観念がある可能性があります。

この場合、そこからクリアする必要があります。次章では、このあたりを詳しくお伝えします。

LESSON 4
人生にブレーキをかける観念

人生にブレーキをかける観念

「なんとかしたい」「どうにか変わりたい」と思っているのにも関わらず、苦しさから抜け出せない場合、不健全な観念がある可能性があります。不健全な観念は「メンタルブロック」とも言われます。

たとえば、「お金持ちになりたい」「お金のことで悩むのはイヤだ」と一生懸命に頑張っているのにも関わらず、なぜかお金に追われていたり、貸したお金が返ってこなかったりする場合、もしかすると「お金があるとひどい目にあう」「悪い人がたくさん稼ぐもの」といった観念があるのかもしれません。

お金を稼ごうと努力する反面、無意識に「たくさんお金があったら困る」と思っているので、自分自身にブレーキをかけてしまっているのです。

たとえば、大事な試験の当日にお腹が痛くなったり、邪魔が入ったり、ケアレスミスを連発するなど、ここ一番でいつも失敗する人は、もしかすると目標達成を阻む観念があるのかもしれません。

恋人になる人は厳しい性格の人が多いという場合、もしかすると「人生は修行だ」「成長するためには困難を乗り越えなければならない」という観念があるのかもしれません。

うまくいくことはいくものの、いつも直前でハプニングが起こってしまう場合、もしかすると「困難を乗り越えれば乗り越えるほど、喜びが待っている」という観念があるのかもしれません。

これらはほんの一例ですが、当てはまることはありますか。こうした不健全な観念があるのは何も特別なことではなく、誰にでも観念はあるものです。

観念には「表面意識の観念」と「潜在意識の観念」の2種類があります。

表面意識の観念は、自分で自覚できている観念やネガティブな感情のことを指します。認識している思考パターンなので、「自覚できる」ことが特徴です。

たとえば、事業を起こすときに、心のどこかで「うまくいくはずがない」「私には難しい」などと感じているのは、自覚している意識で、すでにネガティブな観念があることになります。そう思っていたら、実際にうまくいきません。

営業のプロがよく言うことですが、「できる」と思って訪問先に行くのと、「できない」と思って行くのとでは成約率に格段の違いがあります。表面意識ですでにそう思っている場合、まずうまくいかないのです。

そして、この観念に付随するさまざまな感情、たとえば恐怖心や不安などがあった場合、行動に強烈なブレーキがかかります。ネガティブな感情も心のブレーキと言っていいでしょう。

一方、潜在意識の観念とは、自覚することのできない無意識の領域です。自覚できていないだけに、とても厄介です。

たとえば、素敵なパートナーに出会いたいと婚活しているのに、なかなか巡り合えないとき、「お付き合いしたら自由がなくなる」「出会ってしまったら面倒」といった潜在意識の観念があります。

このとき、何が起きているのでしょうか。

「出会いたい」と思って、そのための努力もしていると自分では思っています。しかし、その一方で、自覚できませんが出会わないための行動や決断をしています。

自覚できていないのですから、家族や友達からこのことを指摘されても「そんなわけない！」などと反論して簡単には受け入れられません。

私たちの人生は、こうした潜在意識の観念によって、青写真が決まっているとも言われています。

というのも、表面意識は潜在意識によって理由づけされ、正当化される性質があるためです。

表面意識は潜在意識によって決めたことを、あたかも「自分で選んだ」と認識し、錯覚しているのです。選択行動は自分自身がおこなっていると表面意識では思っていますが、本当は潜在意識によって、すべて選択しています。

最先端の心理学では、潜在意識が実に97％のパワーを持っていると言われています。

潜在意識の情報を書き換える

フロイトの実験に、次のようなものがあります。

催眠状態にした被験者に対して、催眠から覚めたら、机のまわりを犬がオシッコをするような姿でまわるという暗示をかけたのです。

催眠から覚めた被験者はどうしたでしょうか。

暗示のことをまったく覚えていませんが、なんだかんだと理由をつけて、実際に机のまわりを犬がオシッコする格好でまわり出したのです。

前述したように、表面意識は必ず何らかの理由づけをします。「ペンを落とした」「床が汚れている」「足がかゆい」など、もっともらしい理由づけをするのです。

この実験結果が示すように、潜在意識によって指令されたことを、表面意識はあたかも自分で選んだと認識し、錯覚を起こします。

そして、潜在意識が指令したことを正当化する性質があるのです。

私たちの人生は、選択の連続です。

今あなたはこの本を読んでいますが、読み終わった後にご飯を食べようか、お風呂に入ろうか、寝ようかなどを選択するはずです。

どの学校に入ろうか、どこに就職しようか、誰と付き合おうか、結婚しようかなど、まさに選択の連続と言えます。

これらは潜在意識によって指令され、選んでいるのです。つまり、変えたいと思いながらも現実がなかなか変わらないときには、自分がどう思うか、考えるかではなく、潜在意識の情報を書き換えなければなりません。

潜在意識の観念が修正されると、エネルギーをどんどん使えるようになり、心の底から満足のいく状態に変わっていきます。

収入を以前の何倍にも増やした30代の男性、理想の結婚相手を引き寄せた40代の女性、子育ての悩みから解放されて毎日楽しく育児をしている主婦など、幸せを手にした方は少なくありません。それほどまでに、潜在意識のエネルギーは大きいのです。

どんな観念があるのかを知るワーク

潜在意識のパワーを知ると「すぐにでも修正したい」と思うかもしれませんが、その前に、自分がどんな観念を持っているかを確認してみましょう。

自覚できていないことがほとんどですから、他の誰より自分が驚くことになるでしょう。

神・創造主に関する観念

もしも人間に生まれ変わりがあるとしたら、人は何度も生まれ変わるなかで、さまざまな宗教を経験しているはずです。

ブライアン・L・ワイス博士の『前世療法―米国精神科医が体験した輪廻転生の神

秘』という本では、深い催眠状態、トランス状態になると過去生を思い出すことが指摘されています。

過去世とは、今の人生の前の人生のことです。

外国に行ったことのない人が、退行催眠中に、古代スペインの海賊しか知らない言語や、古代ローマの専門家しか知らない言葉を話し出す、という事例は多々あります。

もし生まれ変わりがあるなら、人類はこれまでにさまざまな宗教を経験していますので、自分以外の絶対的な存在、つまり、神や創造主、もしくは仏という概念が、ほとんどの人の潜在意識にあることになります。

そして、その人のなかの神、もしくは創造主がとても厳しかったり、厳格だったりすると、その基準に自分自身の振る舞いが合っていない場合、「私は神に愛されていない」という観念が生じます。

自分の振る舞いが基準に合っていると「神に愛されている」という観念が生じます。

一般論ですが、運のいい人は多くの場合、「私は神に愛されている」と思っています。

一方、運の悪い人は「私は神から見放されている」と思っている傾向があります。これは、実際に神から見放されているのではなく、その人の観念のなかで、そう思い込んでいるのです。

考えてもみてください、神や創造主が愛を与える対象を選別するでしょうか。

私はこう思います。

神の愛や創造主の愛は、太陽の光のごとく平等にすべての存在に降り注いでいるのだと。そして、それを受け取ることを自らに許している人と、許していない人がいるのだと。

宇宙からの愛のエネルギーを受け取るのを拒んでいるのは、他でもない自分自身なのです。

では、潜在意識の観念を確認していきましょう。

自覚できないことですから、今、あなたが神や創造主の存在を信じているか信じていないかは関係ありません。遊び感覚でも構いませんので取り組んでみてください。

● 「創造主に愛されるためには、○○ねばならない」「創造主に愛されるためには、○○してはいけない」ということを思いつくだけ書き出してみてください。

（例）「創造主に愛されるためには、倹約しなければならない」
「創造主に愛されるためには、嘘をついてはいけない」

どうでしたか、観念はありましたか。
たとえば、「創造主に愛されるためには、倹約しなければならない」という観念があるとしたら、倹約している間は神に愛されると思っていますが、倹約しなかったら神から見放されると思っているということです。

● **「創造主に完全に受け入れられるためには○○ねばならない、○○してはいけない」「創造主のエネルギーを100パーセント受け取るためには○○ねばならない、○○してはいけないしてはいけない」ということも書き出してみてください。**

(例)「創造主に完全に受け入れられるためには、物を盗んではいけない」
「創造主のエネルギーを100パーセント受け取るためには努力しなければならない」

●「創造主とは○○だ」という観念もチェックしてみましょう。これが、そのまま創造主に関する観念です。

（例）「創造主は裁く存在だ」

「創造主はおこないの正しい人だけを愛する」

いかがでしょうか。どのくらい創造主に関する観念に制限されていたでしょうか。

親との関係性に関する観念

親との関係はとても大きな意味を持っており、母親との関係はコミュニケーション、父親との関係は仕事に影響すると言われています。

実際に仲良くなるのが一番なのですが、それが難しいと感じる場合は、せめて自分の心のなかで和解したり、許したり、良好な関係を保つようにすると、幸せになる土台ができあがります。

●「父親もしくは母親の愛情を受け取るためには○○ねばならない、○○してはいけない」ということを書き出してみてください。

（例）「父親の愛情を受け取るためには会社を継がねばならない」

「母親の愛情を受け取るためには、一人暮らしをしてはいけない」

● 「父親もしくは母親に受け入れてもらうためには○○ねばならない、○○してはならない」ということを書き出してみてください。

（例）「父親に受け入れてもらうためには、仕事を辞めてはならない」

「母親に受け入れてもらうためには、子どもを産まねばならない」

●次に、父親もしくは母親で連想するワードをあげていきます。

（例）厳しい、怖い、わがまま

法則の観念

私たちは自分で思っている以上に、自分自身の法則に縛られています。

たとえば、「成功するためには努力しなければならない」と考えていたとして、それは本当でしょうか。「お金持ちになるには一生懸命に仕事をしなければならない」と考えていたとして、それは本当でしょうか。

どんな根拠があって、そう言えるのでしょうか。実はそう思い込んでいるだけで、事実はそうでないかもしれません。

ここで一度、自分自身で思い込んでいる「法則」の観念を書き出してみましょう。

● 「大成功を納めるためには、○○ねばならない」

● 「幸せになるためには、○○ねばならない」

●「結婚するためには、○○ねばならない」

●「お金持ちになるためには、○○ねばならない」

現実に関する観念

ここでは「現実は○○だ」と思うことを書き出していきます。

（例）「現実は厳しい」

「現実は何をやっても変わらない」

時間に関する観念

最後に、達成したいことがあった場合に、どのくらいの期間でそれを達成できるかを「△△を達成するためには○○年かかる」という具合に書き出してみましょう。

(例)「独立するためには3年かかる」
「300万円貯金するには10年かかる」

観念について書き出していただきましたが、自分で驚いてしまうようなものはありましたでしょうか。それとも、とくになかったでしょうか。

当たり前だと思っていること、普通だと信じていることは、本当に当たり前や普通でしょうか。

一度、「そうではないかも」と疑ってみてもいいかもしれません。

次項に「代表的な観念の一覧」をまとめておきましたので、チェックしてみてください。

代表的な観念の一覧

- □ 自分をダメな人間だと思う
- □ 自分のことが嫌いだ
- □ 人に嫌われるのが怖い
- □ 人に迷惑がられるのが怖い
- □ ミスなどをするといたたまれない
- □ いつも他人と自分を比較する
- □ 人と親密になるのが怖い
- □ 立派に見える相手の前で落ち着かない
- □ 目立つと恥をかくだろう
- □ 目立つと非難や嘲笑を浴びるだろう
- □ いつも非難や攻撃を恐れている
- □ 軽蔑されることが怖い
- □ 相手を怒らせることが怖い
- □ 嫌なことを押し付けられるだろう
- □ 思い通りにならないことが多いだろう
- □ 意見を述べてもムダだろう
- □ 私の気持ちは無視されるだろう
- □ 私の気持ちや感情は重要ではない

代表的な観念の一覧

- □ 批判されると全否定された気持ちになる
- □ 批判やミスでひどく落ち込む
- □ 私はどうせ見捨てられるだろう
- □ メールなどがすぐに返ってこないと不安
- □ 連絡がつかないと見捨てられた気分になる
- □ 交際相手の交友関係が気になる
- □ 裏切られるのではないかと相手を疑う
- □ 別れが来るなら最初から親密にならない
- □ 親しい人が突然いなくなる気がする
- □ いざというときは、結局は孤独だ
- □ 自分に関心を持つ人などいない
- □ いつか独りぼっちになるだろう
- □ 愛情をもらうことは難しい
- □ わかってもらうことは難しい
- □ 助けてもらうことは難しい
- □ よく仲間外れにされていると感じる
- □ 集団の中にいても疎外感を感じる
- □ 自分の居場所がないと感じる

代表的な観念の一覧

- □ いつも人に頼らないと不安だ
- □ 自分の決定に自身が持てない
- □ 今でも母に背けない
- □ 今でも父には背けない
- □ 自分で決めたことがうまくいく気がしない
- □ 期待には応えられないで失望させるだろう
- □ ミスをすると自分を罰したくなる
- □ 誤りを犯した相手に罰を与えたくなる
- □ 仕事を与えられるといつも焦る
- □ 完璧でないと自分を許せない
- □ いつも相手に合わせてしまう
- □ 常に相手に何かしてあげないと落ち着かない
- □ 相手が怖くて言いなりになることが多い

観念を取り除けないケース1

潜在意識についての研究が多方面で進んでいることもあり、ここ数年の自己啓発セミナーのメインテーマは、いかにこの潜在意識を書き換えるか、そして、人生の設計図を書き換えるかになっています。

潜在意識の書き換えについてはさまざまなアプローチ法がありますが、いろいろと試しても不健全な観念をなかなか取り除けない人も一定の割合で存在します。

たとえば、魂のレベルで計画しているような場合です。もっとも深い魂のレベルで選択し、計画していることはストレスを癒したり、観念を書き換えたりできません。

長期的な視点、そして魂の成長という点から、そのほうが良いからです。

たとえば、とても厳しい職場にいて、ストレスを抱えているとします。

「早く辞めたい」と思いながらも、その人の潜在意識に「仕事は厳しいものだ」「過酷なものだ」という観念があると、頑張っても頑張っても苦しくなるばかりです。

しかし、この職場でのストレスやそうした観念により、苦しい状況に対する耐性が養われ、後の成功につながるかもしれません。

「キツイ職場で働くことを望んでいない」と悟るキッカケになるかもしれません。


魂のレベルで計画していることを達成するために、どうしても必要な苦難や困難は避けることができないのです。

その苦難や困難を乗り越えることによって大きく成長する場合や、最高の人生を歩むための大切な下積み期間であった場合、それを安易に変更できませんし、変更すべきではありません。

そのため、観念を取り除けないのです。これはこれで最高最善と心得るしかありません。

観念を取り除けないケース2

もうひとつ、観念をなかなか取り除けないケースとしては、依存体質です。

第2章で「自分で全責任を取る」ということが、エネルギーをみなぎらせるとお伝えしましたが、現在の状態を人のせいにしていると何をしても観念は取り除けません。

全責任を取るというのは簡単なことではありませんが、自分には「原因がない」と思っているので、いくら観念を取り除こうとしても難しいのです。

不健全な観念を取り除く前提は、自分の人生に起こっていることは、すべて自分が選択していると認識することにあります。

私たちは選択行動の連続だと前述しましたが、人生には「宿命」と「運命」と言われるものがあります。

宿命は「どの親に生まれるか」「幼少期にどんな環境で育つか」という自分では選択できないものを指します。

これに対して、運命は自分の選択次第で変化させることができることを指します。そのため、「宿命を変えることはできないけれど、運命は変えられる」と言われています。

しかし、私は実際のところは魂の部分で選択して親を選び、幼少期の状況を選んでいると思っています。

それを宿命や親のせい、環境のせいにしても得することはありません。

厳しく聞こえるかもしれませんが、私自身も親がいわゆるできちゃった結婚だったこともあり、「本当は生まれるべきではなかった」という観念にとらわれていました。「祝福されずに生まれた」という表面意識の自覚はありませんでしたが、頑として私の潜在意識に存在し続けていたのです。

27歳のときに治療院を起こしたのですが、なかなかお客様が増えず、毎日毎日「いつ辞めようか」と考えていました。こんな生活が5年ほど続きましたが、お客様の中に出版関係に詳しい方がいて、出版社を紹介していただきました。

そこで、ダイエット効果を期待できる簡単な骨盤調整の体操を披露したところ、「ぜひ掲載しましょう」と雑誌では異例の3号連続の特集となり、それらをまとめて1冊目の著書を出版できたのです。

この本は大変な売れ行きで、販売部数もどんどん伸びて、それを見た他の出版社さんからもオファーをいただき、2冊目、3冊目と出版されました。

名前を知られるようになると、今度は全国からお客様が押し寄せ、予約は半年先まででいっぱいになったのです。

まさに「ブレイク」という状況だったのですが、このとき私は、まったく幸せを感じられなかったのです。

客観的に見れば羨ましがられる状況だったにもかかわらず、とてつもない不安や恐怖に襲われ、何度も自分を否定する気持ちがわきあがりました。

自分自身の潜在意識に「祝福されずに生まれた」「私はいらない人間だ」という観念があることに気づいたのは、ずいぶん時間が経ってからのことです。

エネルギーについて研究と検証を重ね、なかなか消え去ることのできなかった観念を今では完全にクリアできましたが、自分に起こっているすべての現象を自分が選んだと認識するまでは道は開けません。

誰かが変えてくれるのではなく、潜在意識の観念を取り除くには、すべて自分が選択していることだと認識する必要があります。

身体に答えを聞く方法

私たちの身体には生まれるよりもずっと前、生命誕生のときからの38億年分の知恵と経験がデータとしてＤＮＡに蓄積されています。

この膨大なデータを使って、「本当のところはどうしたいのか」を聞く「筋反射」というテストがあるのでご紹介します。

筋反射とは、読んで字のごとくで筋肉の反射です。

これによって答えを得ることができるというのが「キネシオロジー」という科学的な研究です。

知識や信仰に左右されず、身体や潜在意識からの真実の答えが得られるとして、デビッド・R・ホーキンズ博士など、世界中の医療従事者が活用しています。

ただし、原理として理解できても使いこなすことが難しいという部分もあります。できるだけ正確な結果が出せるように、テストの前にはまず「感謝」と「礼」をおこない、ゼロ化することをお勧めします。

パートナーとおこなう筋反射テスト

1　お互いに「感謝」と「礼」をしてゼロ化します。

2　ひとりは椅子に座り、肩からまっすぐ床に平行になるように片方の腕を上げます。パートナーは、その横に立ちます。

3　自分で「はい、そうです」と声に出してから、パートナーに上から押してもらいます（力が入るので、なかなか腕は下がりません）。

4　次に、「いいえ、違います」と声に出してから、先程と同じように、パートナーに上から押してもらいます（力が少し入りづらくなるので腕が下がります)。

5　知りたいことについて、たとえば「私の身体にこの食べ物は必要です」「私は本当にこれをやりたいと思っています」というように、「AはBです」と声に出して言います。

6　先程と同じように、パートナーに腕を押してもらいます。

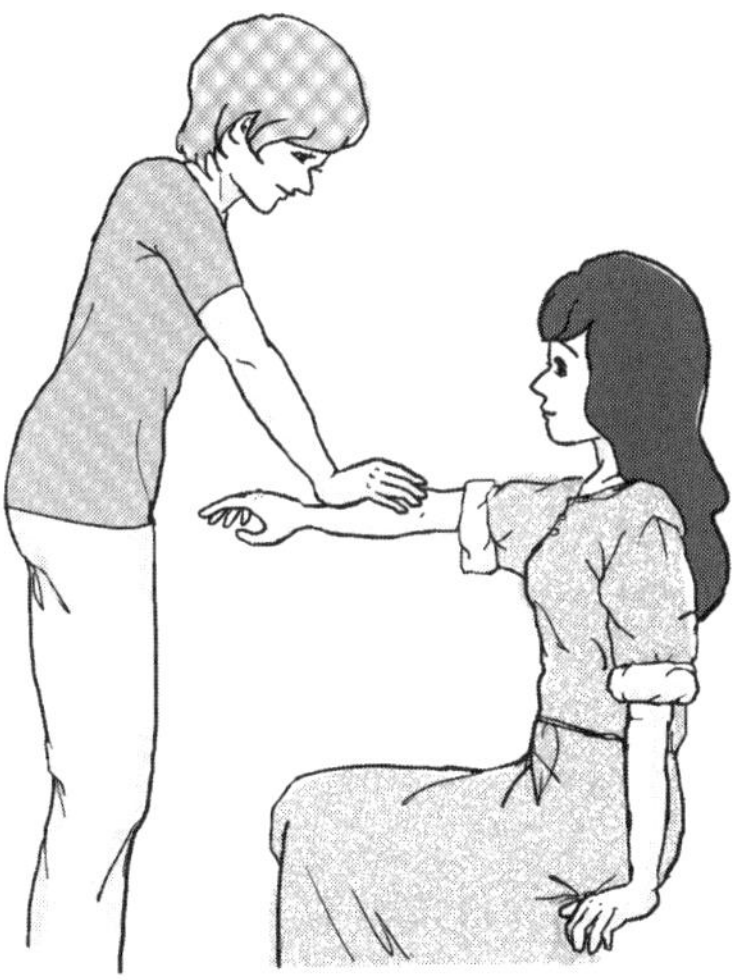

腕が下がらなかったらその内容についての答えは「イエス」、腕が下がったら「ノー」ということになります。

たとえば、先程の「私の身体にこの食べ物は必要です」と言って、腕が下がらなかった場合は「必要」、下がったら「不必要」ということです。

最初に「はい、そうです」と「いいえ、違います」で、どれくらい力の入り方が違うかを確認しておくことで、かなり正確に判断できます。

筋反射テストは、未来のことは不確定なので聞くことはできませんが、質問次第でいくらでも活用できます。

ただし、身体への質問は基本的にすべて肯定形にします。

質問の例

・「私のアレルギーの原因は卵です」

・「このセミナーの内容は私に合っています」

・「私はこの食べ物を欲していません」→「私はこの食べ物を欲しています」
・「この不調の原因は、風邪ではない」→「この不調の原因は、風邪です」

筋反射は、なるべく大きな筋肉でテストすることが大事なポイントです。指で輪っかをつくってテストしたこともあるかもしれません。とても一般的な筋反射のテスト法ではありますが、指というのはとても複雑なつくりで、小さな筋肉や関節をたくさん経由すると、意志や観念といった主観の邪魔が入りやすくなります。

一方、肩や腕の筋肉は、指に比べると大きくシンプルなので、はっきりと答えが出ます。

この方法に慣れてきたら、自分自身の手の指を使うセルフテストもやってみましょう。ポイントは、人差し指と親指ではなく、親指と薬指を突き合わせた形でおこなうことです。

セルフでおこなう筋反射テスト

1 「感謝」と「礼」をしてゼロ化します。

2 利き手と逆の手の平を上に向けます。

3 上に向けた手の親指と薬指の先端をしっかり着けてリング状にします。

4 「はい、そうです」と言ってから、もう片方の手の人差し指で、くっつけている指と指の間を下から押し上げて、リングを開こうとします（開かない）。

5 「いいえ、違います」と言ってから、もう片方の手の人差し指で、くっつけている指と指の間を下から押し上げてリングを開こうとします（力が入らないので開きやすい）。

6 自分自身にパートナーとやる場合と同じように、「AはBです」と述べてから、もう片方の手の人差し指で押し上げます。

開かなければその内容についての答えは「イエス」、開いたら「ノー」ということです。

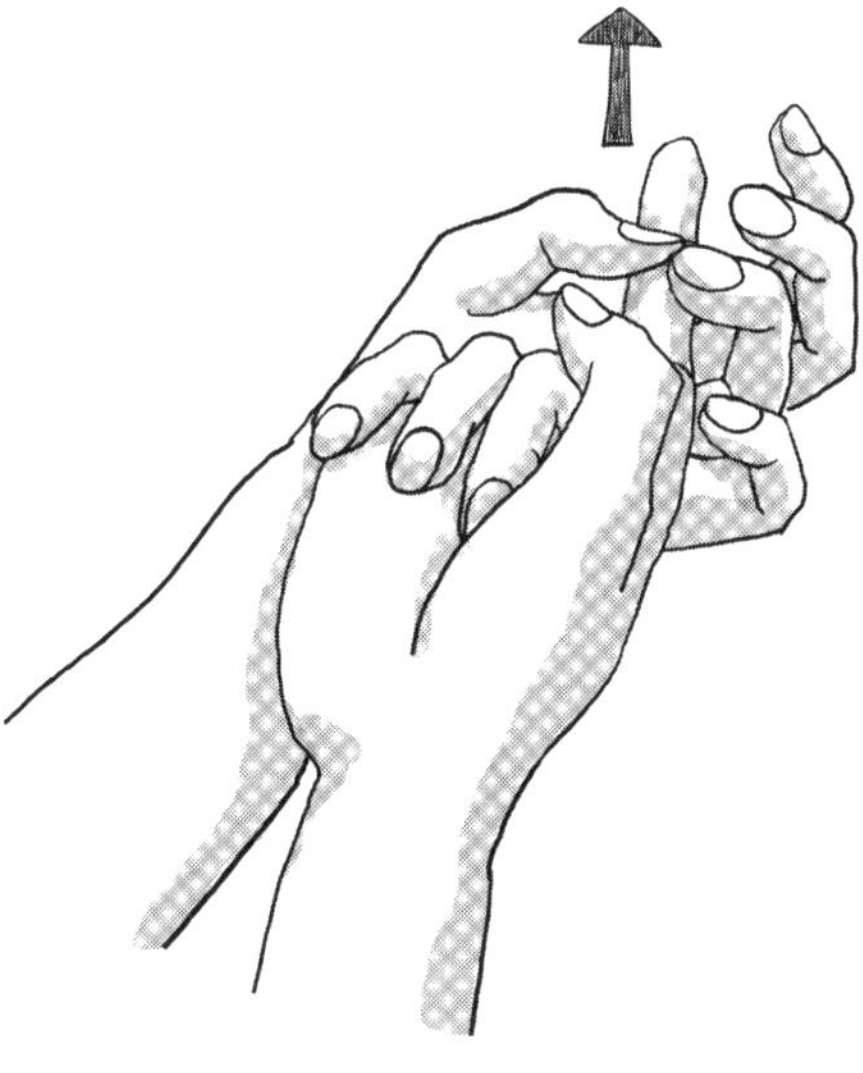

便宜上、「はい、そうです」「いいえ、違います」と言うと説明していますが、声に出さなくても問題はありません。

また、たとえば「Aという案件は、Bさんと組むと目標を達成します」と言ってイエスが出たとして、次に「Aという案件は、Bさん以外と組んでも目標を達成します」など、質問方法を変えてみることもできます。

これはパートナーがいる場合でも同じです。

指の場合は無意識にコントロールしてしまいがちなので、しっかりとゼロ化することと、疑わしかったら誰かにパートナーになってもらうことをお勧めします。

質問内容について知られたくないときには、心の中で質問してから、パートナーに押してもらいましょう。

パワーか、フォースか

筋反射テストによって「本当のところはどうしたいのか」を身体に聞いてみると、

自分でも驚くような結果が出ることは珍しいことではありません。

こうした目には見えない物事の気づきについて、ホーキンズ博士は『パワーか、フォースか 改訂版―人間の行動様式の隠された決定要因』（ナチュラルスピリット社）という著書のなかで、人の意識レベルについて言及しています。

意識レベルとは「私たちの行動の原点となる意識」のことで、ホーキンズ博士が人の精神を鑑定し続けた経験から「人間の意識レベルは上げることができ、測定することも可能だ」と記しています。

博士は意識レベルを0～1000に定め、0～200は「○○すべき」「○○しなければならない」というフォースの領域、200～1000が「○○したい」というパワーの領域としています。

フォースは「恐怖」や「欲望」「怒り」などのネガティブな強いエネルギーをあらわし、パワーは「勇気」や「意欲」「愛」などのポジティブな強いエネルギーをあらわします。

ワクワクしないという場合、フォースの領域にいる可能性があり、この状態ではなかなかゼロ化もできず、情報空間との「結び」は弱いものになってしまいます。

２００というのがパワーの領域とフォースの領域の分岐点となっており、大きな意味を持つラインですが、筋反射テストで自分の意識レベルを知ることができますので、一度、測定してみましょう。

腕を使うテストの場合は「私の意識レベルは１００以上です」と言ってから、パートナーに腕を上から押してもらいます。

これでノーが出たら「意識レベルは50以上です」と数値を下げて確認します。

イエスとなったら、次は「私の意識レベルは２００以上です」、さらにイエスが続く限り数値を上げていきます。

たとえば「３００以上です」でノーが出たら、「私の意識レベルは２００から３００の間です」でイエスが出るはずです。

さらに「私の意識レベルは２００から２５０の間です」「２５０から３００の間です」などと50単位くらいまでは確認しておきます。

より良い人生を創造するうえでは、意識レベルが２００はほしいところですが、ホーキンズ博士も「意識レベルは上げることができる」と言っており、事実そのとおりですので、今がそうでなくても気にすることはありません。

余談ですが、ブッダやイエス・キリストの意識レベルは1000だったとのことです。

ゼロ化すると個人の自我としての感情はニュートラルになりますが、情報空間との接続が深くなると「大我」の意識に変わり、「愛」や「調和」「喜び」の意識になっていきます。

宇宙の本質は「愛」と「調和」と「歓喜」だからです。

意識レベルの高いブッダやキリストが、大いなる愛を持って人類救済のために生涯を歩んだのは、個人としての自我をゼロ化し、大いなる意識である「大我」の意識そのものだったからです。

ゼロ化を継続していくと、大いなる「愛」と「調和」と「感謝」の人になります。

LESSON 5
エネルギーで観念を癒す

火には火をもって戦わせよ

前章では、不健全な観念を明らかにし、筋反射テストによって、身体に答えを聞くことや意識レベルを確認することについてお伝えしました。

前述したとおり、自分では気づいていない潜在意識による選択や決断があるため、「○○したい」「○○したほうがいい」「○○すべき」という表面意識の判断基準の他に、潜在意識がどうなっているのかを知る方法を持つことはとても重要です。

たとえば、復縁したい相手がいて、潜在意識の本を読んだり、引き寄せのセミナーに参加したりなどして、自分では頑張っているつもりです。

しかし、現実は思うようにはいきません。「他に好きな人がいるかもしれない」「やっぱりダメなのかも」「相手にされていないのかも」などとネガティブなことばかり考えてしまいます。

このような場合、表面意識の判断だけでなく、筋反射テストなどで不健全な観念を突き止め、その観念をクリアしていく必要があります。

そうでない限り、良かれと思ってしたこと、正しいと思って決めたことが、悲しいまでに復縁を遠ざける現実をつくり出していきます。自分では気づかない無意識のうちに、復縁しないための行動や決断をしているのです。

それほど潜在意識のパワーは強いということですが、こうした逆回転を起こさないためにも、まずは第3章でお伝えしたゼロ化でエネルギーのケアを心がけましょう。潜在意識がネガティブに傾いていると、良いエネルギーを受け取れず、悪いエネルギーを引き寄せてしまいます。ゼロ化によって、良いエネルギーを受け取る体制を整えます。

そのうえで、本章ではさらに踏み込んで、観念を取り除くことに取り組んでいきましょう。

夢や目標のエネルギーを減退させる不健全な観念を、表面意識に上げながらクリアしていきます。

慣れていないと、エネルギーを使ったワークは受け入れづらいかもしれませんが、自覚できない観念を癒そうとしても、自分だけでは潜在意識に引っ張られてしまい、ブロックがかかってしまうことがほとんどです。


本来であれば、それぞれにオーダーメイドのエネルギーを送るのがベストですが、ここでは私が想定している観念やネガティブ感情を癒す画像を使って、簡単なワークをやってみましょう。

火には火をもって戦わせよというわけではありませんが、エネルギーはエネルギーで癒すほうが近道になります。

まずは、ストレスを落ち着かせる実験です。

ストレスを落ち着かせる実験

1　ストレスになっていることを思い浮かべ、それを10点満点で何点ぐらいか評価します。10点がもっともつらいとしたら、今のストレスは何点か感じてみましょう。

2　そのストレスを思い浮かべながら、194〜5ページの画像を1分ほど眺めていてください。ストレスの点数が落ちていくのを体感できると思います。

いかがでしょうか。画像からは、私が開発したUE（アルティメット・エナジェティクス）の癒しのエネルギーが流れています。

UEについては後述しますが、画像を眺めていると、どんどん感情が癒され、観念が変わっていくのを体感できるはずです（何らかの理由で、今はそのストレスを手放したくない場合、点数は落ちません）。

この画像の癒しのエネルギーは、消えることはありません。この本がある限り、ずっと使えますので、日常でストレスを感じたときには横になり、この画像を開いて頭に当てていただくことでストレスが緩和されます。

続いて、自覚できる観念に関するネガティブな感情を打ち消すワークです。

ネガティブな感情を打ち消すワーク

1　前章で書き出した観念について、どれかひとつを思い浮かべ、その観念が10点満点で何点ぐらいあるかを感じてみてください。

2　そこから感じる感情があれば同じように、どんな感情で何点かを感じてみます。

3　その観念と感情を感じながら、１９４～5ページの画像を眺めていてください。

4　点数が下がってきたら、あえてその観念・感情を強く感じるようにします。表面に出せば出すほど、その観念はやわらぎ、感情は癒されていきます。

5　絞り出すようにネガティブな感情を出し切ります。出せば出すほど、すっきりとしてくるはずです。

ここで点数が下がらないのであれば、やはり、その観念を持つことに何らかの強いメリットを感じている可能性が高いので、「この観念を持つことに、どんなメリットがあるのだろう」と自分に問いかけてみてください。

「この観念を持つことで安全でいられる」「この観念を持つことによって、〇〇から守ってもらえる」など答えが出てくるかもしれません。

その場合、対象や観念を思い浮かべながら、同じように画像を眺めてください。その観念や対象への感情がやわらいでいきます。

前章でも触れましたが、補足しておきますと、取り除けない観念やネガティブな感情は必ずしも悪というわけではありません。

魂の計画という視点で見たとき、その観念や感情があることによって大きく成長するケースや、人生展開が変わるケースもあるからです。

事業で大成功した社長が、過去に知人から馬鹿にされたり、大切な仲間に裏切られたり、生まれ育った家庭が貧乏だったりで、とてつもない劣等感を抱いていたというケースは少なくありません。

劣等感があったために、休みも取らずに仕事に打ち込めたり、ハードな交渉にも耐えられたのです。

いつまでもそうした感情を持ち続けるのはお勧めできませんが、この社長のように人生のある時点においては、手放すことのできない感情や観念というものがあります。

真っ只中にいるときには、これほどつらいことはありません。

「なぜ自分だけがこんなに苦しい思いをしなければいけないのか」と絶望に飲み込ま

れそうになりますので、そうしたときこそ、ゼロ化やワークに取り組むチャンスです。やまない雨がないように、どんな感情も、どんな観念も、準備ができたところから癒されていきます。表面意識に上がっている観念を手放すだけでも、エネルギーはかなり健全に変わっていきます。

夢を100パーセント受け取れるか

第2章では、夢や志の設定が現実に大きく関わってくるとお伝えしましたが、その実現を邪魔する観念がないかを確認し、癒していきましょう。

STEP1　最高の人生に感じる反応

想像してください。あなたは今、住みたい場所で、大好きな人と最高の暮らしをしています。

●「仕事の状態は、どんな状態でしょうか」

●「お金の状態は、どんな状態でしょうか」

●「パートナーや家族との関係は、どんな状態でしょうか」

最高の人生が実現したことをイメージしてください。

●「その状態を100％受け取れるのかを感じてみましょう」

●「もし全部受け取れないとしたら、何％受け取れるでしょうか」

●「それを受け取ったときに、どんな感情が出てくるでしょうか」

もし、100%受け取れないと感じた場合、あるいはネガティブな感情がわいてくる場合は、194~5ページの画像を眺めてください。

そして、ネガティブ感情がなくなったら、また何%受け取れそうかを感じてみてください。

STEP2 その夢を実現したときのパートナーや家族の反応は?

最高の夢を実現したあなたの前に、パートナー、家族が現れました。

● 「そのとき、パートナーや家族は、どんな表情をしているでしょうか」

● 「そして、一言、声をかけてきたとしたら、何と声をかけてくるでしょうか」

ここでネガティブな感情が出てくるようであれば、194~5ページの画像を眺めてください。

STEP3　その夢を実現したときの親の反応は?

最高の夢を実現したあなたの前に、ご両親が現れました。

●「そのとき、ご両親は、どんな表情をしているでしょうか」

●「そして、一言、声をかけてきたとしたら、何と声をかけてくるでしょうか」

ここでネガティブな感情が出てくるようであれば、194~5ページの画像を眺めてください。

STEP4　その夢を実現したときの神・創造主の反応は?

最高の夢を実現したあなたの前に、あなたにとって最高の神・創造主が現れました。

●「そのとき、最高の神・創造主は、どんな表情をしているでしょうか」

●「そして、一言、声をかけてきたとしたら、何と声をかけてくるでしょうか」

ここでネガティブな感情が出てくるようであれば、194～5ページの画像を眺めてください。

無自覚の心が人生を本格的に制限している

いかがでしたか。怒りや不安など何らかの感情が出てきた場合、その原因となる観念が必ずあります。

たとえば、あなたが最高の夢を実現したというのに、ご両親は悲しそうな顔をして「それで満足か」と言ったとします。

それを聞いて切なく感じたとしたら、その切なさが出てくるには、どんな観念があるのかを自分に問いかけてみてください。

「夢の実現には犠牲を伴う」「自分は褒められる価値がない人間」といった原因となる観念が出てくると思います。

その観念が出てきたら、それを思い浮かべながら画像を眺めてください。

これだけでも根気よく継続しておこなうと、不健全な観念やネガティブな感情からかなり解放され、大きなエネルギーをコントロールできるようになります。

わくわく探しのワーク

不健全な観念が原因となって「やりたいことを見つけられない」という方も少なくありません。

心配や悩みがあればなおさらですが、「何をしたい」ということを明確にできないと夢や志の設定は難しくなりますので、その場合には「わくわく探しのワーク」を続けてみてください。

しっかりとゼロ化したところで質問をすると、自分の内なる答えが出てきます。ここで浮かんだ言葉やイメージが、あなたが本当に心からわくわくできることです。

わくわく探しのワーク

1　風呂に入る前に「感謝」と「礼」によってゼロ化します。
2　ぬるま湯でゆっくりと半身浴します。
3　お湯に浸かりながら、鬼のツノのツボをボーッとしてくるまで刺激します。
4　このタイミングで「私が本当にわくわくできることは何だろう?」と自分に質問します。

お金になるかならないか、他の人がどう思うかなどは関係なく、わくわくすることが思い浮かんだら、そこに時間をあてるようにスケジュールを組んでみてください。そうすると、さらに「わくわく」が広がっていきます。

LESSON 6
究極のエネルギー学「U E」

楽しい「応用問題」

ここまで読み進めてきて、あなたはこう思っているかもしれません。

「不健全な観念やネガティブな感情があると、やっぱり、エネルギーは使えないじゃないのか」

しかし、それは間違っています。

たしかに観念や感情によって、あふれるエネルギーを最大限に使いこなせていないのはありますが、ゼロ化によってエネルギーをケアすることで、自分の意図に沿って現実を変えていけます。

おもしろいのは、エネルギーコントロールについてお伝えすると、「コントロールできるようになる」と言う人と「コントロールできないだろう」と言う人がいることです。

当然のことながら「コントロールできない」と言う人はコントロールできません。

一方、「コントロールできるようになる」と言う人は、実際にコントロールできるようになっています。

これはとても楽しい「応用問題」です。

この問題を解きはじめれば、エネルギーコントロールできるようになり、それまで不可能と思っていたことが「できるんじゃないか」「必ずできる」と思えて、人生がぐるりと変わります。

例をあげましょう。

母親との関係に何十年も悩んでいたA子さんの話です。

A子さんは「私の母はいわゆる毒親でした」と話しており、幼少期の記憶に「愛を感じられる思い出がない」と言っていました。

それでも関係を良くしたい気持ちはあったので、大人になってからはトラウマや潜在意識についての本を読むなどして、心の傷を癒そうとしていたのです。

ただ、なかなか母親を許すことはできず、実家の近くに行くことがあっても立ち寄らずに帰ってしまうこともしょっちゅうで、たまに会っても小さなことでイラッとして、喧嘩になってしまうのでした。
帰宅途中、「なんで素直に謝れないんだろう」「母親への態度と友達への態度が違う私はダメな人間」などと自分を責める気持ちも出てきたそうです。

このとき、A子さんに何が起きているのでしょう。

トラウマや潜在意識についての勉強はしているものの、観念も感情も取り除けておらず、エネルギーはネガティブのほうに振れています。

ネガティブに振れていると、当然ながら客観視などできません。母親の気持ちを理解しているつもりでも本当はわかっていませんし、「ありがとう」と言葉にしてもかたちだけなので、信頼のエネルギーにはなっていません。

A子さんは、エネルギーをネガティブからニュートラルに戻していくため、ゼロ化に取り組みはじめ、同時に筋反射テストで観念の把握に努めました。

朝昼晩の1日3回しっかりと「感謝」と「礼」を繰り返し、「お母さんと楽しく食事をする」などと目的を設定して、怒りや恨みの感情を筋反射テストで確認していったのです。

「最初はたった3回の『感謝』と『礼』を面倒に思うこともありました」とA子さんは打ち明けてくれましたが、ここにヒントがあります。

A子さんは信じられないことを信じようとしたのではありません。ゼロ化のための「感謝」と「礼」をただルーティンにしようとしたのです。

つまり、面倒に思いながらも「応用問題」を解きはじめたのでした。

今では、消し去ることは無理だと思っていたA子さんの母親に対する怒りや恨みの感情は、すっかりやわらいでいます。

過剰と欠乏のエネルギーをニュートラルにする

A子さんのように、トラウマや潜在意識について学んで心の傷を癒そうとする方は少なくありませんが、観念や感情を抱えたままプラスの感情をわき起こすことは難しく、無理にプラスの状態をつくると、その反動でひどく落ち込んで、自己否定の気持ちに苛まれてしまうこともあります。

これを避けるためにもゼロ化によって、エネルギーをニュートラルにする必要があります。

怒りがあるのはエネルギーが過剰な状態、執着があるのはエネルギーが欠乏した状態ですが、自分の状態を客観視するのは難しいため、ほとんどの場合、気づけません。


前述しましたが、私自身、他の人が羨むような状態であったのにもかかわらず、できちゃった婚による不健全な観念やネガティブな感情を抱えていたために、まったく幸せを感じることができませんでした。

そのうち心の探求を進めるようになり、潜在意識によって人生が選択されていることに気づき、そこからは潜在意識を書き換えることが研究テーマとなったのです。


まず試みたのは、アファメーションという自己肯定暗示でした。毎日何度も「私はついている」「私は豊かだ」「すべてうまくいっている」といったことを口に出すというものです。

「アファメーションが30万回を超えると現実が変わってくる」と聞いたので、100円ショップで計測カウンターを買って唱えていたのですが、不健全な観念やネガティブな感情がきつかったため、私の場合、言えば言うほど苦しくなりました。

「ツイてる、ツイてる」とつぶやくと同時に「ツイてない、ツイてない」と潜在意識は私に語りかけ、「ありがたい、ありがたい」とつぶやくと同時に「ありがたくない、ありがたくない」と潜在意識はていねいに反芻したのです。


思考を言葉で誘導して、その人の能力を引き出そうというのが、アファメーションの考え方ですが、人によってそれまでの人生で得た経験から言葉の意味づけは異なっています。

「ありがとう」という言葉を小さなときから強制されていたらどうでしょうか。

たとえば、「人に何かしてもらったらありがとうと言いなさい」と、いつも頭を叩かれていたとしたら、「ありがとう」という言葉とセットで「痛み」を刷り込まれていますので、そのたびに気分は悪くなってしまいます。

こうした場合、誘導する思考を変える必要があるため、まずは「感謝」と「礼」によってエネルギーをニュートラルにし、「ありがとう＝感謝」というように言葉とセットとなる思考を変えていかなければなりません。


余談ですが、言葉自体の波動の違いについては、故江本勝先生が『水は答えを知っている』（サンマーク文庫）という書籍で興味深い実験を紹介しています。

江本先生は「ありがとう」と書いた紙と、「ばかやろう」と書いた紙をそれぞれ水に浸しておき、冷凍してその結晶を観察しました。

すると「ありがとう」のほうの水はきれいな六角形の結晶ができており、「ばかやろう」のほうはグチャグチャな結晶になっていたのです。六角形というのは、自然界でもっとも安定した形です。


たしかに「ありがとう」という言葉には良い波動があり、「ばかやろう」には乱れる波動がありますが、これを人に照らし合わせると、水ほどシンプルな結果にはならないのが難しいところです。

これまでの人生で「ありがとう」という言葉と感謝の心がセットになっている人に

とっては、口にすることでエネルギーが整っていくでしょう。

しかし、何かしらのトラウマがあるような場合には、逆にネガティブな状態になる危険性もはらんでいるのです。

エネルギーワークの可能性と限界

普通のアファメーションで効果を得られなかった私は、この後、高速でアファメーションを聴くことにチャレンジした時期もあります。

「私には素晴らしい能力がある」などのアファメーションが録音されたものを4倍速で聞くという方法です。

4倍速の音声というのは、言葉としてはまったく聞き取れないため、左脳ではなく右脳主導となり、潜在意識にアファメーションが直接的に入るというのが、この手法の考え方です。

しかし、3年続けてみましたが、これも私は効果を得ることができませんでした。

右脳が主導になっても、潜在意識の奥底にある不健全な観念を書き換えるには至らなかったのです。

そして次は、人生を制限している思考やその原因を探ろうと、カウンセリングを研究テーマとしました。カウンセリングは、問題の原因を対話によって明らかにする手法ですが、その過程において、過去のイヤな思い出と向き合わなくてはなりません。

そのうえ、苦労の末に根本原因を突き止めても、その原因を解決するための手法はまだ確立されていなかったため、結局は、イメージワークやアファメーションといった昔ながらのやり方に取り組まなければならず、期待したほどの効果は得られませんでした。

その後、催眠療法やコーチング、ＮＬＰなどにも取り組み、実際に臨床で使ってみた結果、もっとも可能性を感じられたのはエネルギーワークでした。

当時、エネルギーワークは、私自身にもクライアントさんの施術にも使っていました。

エネルギーワークは大きくわけて2つのタイプがあります。ひとつは修行や訓練が必要なもの、もうひとつは修行や訓練を必要としないものです。

私はもともと修行や訓練が好きでしたが、修行や訓練を必要としないエネルギーワークにも惹かれるものがあり、研究を進めていきました。

エネルギーの使い方を理解するうち、身体へのヒーリングやリフトアップなどの若返りができるようになり、このスキルを身につけたことは日々の臨床においても、かなり重宝しました。

ただ、そんななかでも、エネルギーワークに限界を感じることがあったのです。それは、やはりメンタルに関することでした。

当時はさまざまなエネルギーワークをおこなっていたのですが、身体には作用するものの、心を癒すことに関しては臨床上、あまり芳しい結果が出なかったのです。

究極のエネルギー学「UE」

潜在意識にある不健全な観念やネガティブな感情を取り除くには、根本原因を変容させるためのエネルギーを指定して流していく必要があります。

その頃、ストレスに対してはエネルギーと頭骸骨調整によって、脳内ホルモンを誘発し、ストレスを思い出しても大丈夫な状態をつくり出していたのですが、ある程度の時間が経つと、元の状態に戻ってしまっていたのです。

そのたびに施術するイタチごっこのようなことを繰り返していたのですが、こうした試行錯誤のなかで、UEというエネルギー技法を発見したことで状況は一変しました。

さまざまなアプローチを試してきましたが、最終的にはこのUEのエネルギーを使って、私は不健全な観念やネガティブな感情を取り除くことに成功したのです。

UEとは、アルティメットエナジェティクスの略で「究極のエネルギー学」という意味があります。

従来のヒーリングや高次元の宇宙エネルギーを取り入れるヒーリングとは異なり、扱えるエネルギーのレンジ（幅）が広く、メンタルを癒す複合エネルギーを自在にコントロールできる特徴があります。


エマニュエル・スウェーデンボルグという学者をご存知でしょうか。

スウェーデンボルグは、物理や天文、政治、経済、哲学などの分野で18世紀最大の学者として、20世紀の水準に達する説を打ち出し、何よりも人間の枠を超えた霊能力が、当時のヨーロッパの人々を驚嘆させていました。

その霊的な体験をもとに記されたスウェーデンボルグの『霊界探訪記』は数十冊に及びます。

原本はロンドンの大英博物館に保管されており、類のないこの書物については、『純粋理性批判』や『実践理性批判』『判断力批判』の三批判書を発表しイマヌエル・カントを含む当時の知識人、著名人も評価していたのです。

『霊界探訪記』は、スウェーデンボルグが幽体離脱状態になり、霊界を訪れた経験を記しています。霊界を訪れたスウェーデンボルグは、霊界の太陽を目撃します。

それはすべての生命の源のエネルギーであり、すべての生命はそこからエネルギーを得て生命活動を営んでいるというのです。

霊界では、そのエネルギーの流れを「霊流」と呼んでいます。

スウェーデンボルグによると、霊流は「上層霊界」「中層霊界」「下層霊界」、そして「地上」という順番で通常流れてくるため、地上に届くまでには、かなりそのパワーは弱まっているとのことです。

しかし、UEのエネルギーは扱えるエネルギーのレンジが広いため、この霊流のエネルギーを流すことができます。深いところからエネルギーのレベルが上がるため、これまでの実験では、精神が安定したり、安心感・安定感が出てきたり、願望が達成しやすくなったという結果が出ています。

無意識にゴールへと引っ張られる

ＵＥでは、エネルギーを使えるようにするために、初めにそのエネルギーの通り道を完全に開いてしまいます。

これを「アチューンメント」と言いますが、アチューメントをすれば、誰でもエネルギーを自在に動かすことができるようになります。それも今までのヒーリングのエネルギーワークのアチューンメントとは異なり、一瞬でエネルギー回路を開くことが可能です。

また、アチューンメントの際に、ＤＮＡアクティベーションも同時におこないます。これはエネルギーによってＤＮＡを活性化し、使われていないＤＮＡ情報を活性化する意図があります。

人間のＤＮＡはほとんどが使われていないとされていますが、この使われていない部分に潜在能力や可能性があるのではないかという観点から、エネルギーを用いてＤ

ＮＡを活性化していきます。これは肉体レベルにおいて、潜在能力のベースをつくる意味があります。

実際、このＤＮＡアクティベーションをおこなうことで、それまでできなかったことができるようになった方は少なくありません。

主に第六感と言われる能力が開発されますが、たとえばオーラが色つきで見えるようになった方、透視の力が出てきた方、エネルギーレベルが数字でわかるようになった方などがいます。

ＤＮＡアクティベーションによって能力の出てくる方は、深いレベルから自分に対してそれを許可しているのです。自分自身のおこなっていることが魂の本質やミッションに沿っている場合、そのミッションを助ける能力が出るようです（すべての方に能力が出ることを保証するものではありません）。

私の体験をお伝えすれば、このＤＮＡアクティベーションを実験していた際、電車に乗っているときに人の頭に数字のようなものが見えるようになりました。

最初はびっくりして「何の数字だろう」と考えたのですが、どうやらこれはその方のエネルギーレベルを数字で表したものであるとわかりました。

私にはUEを知っていただくというミッションがあるため、エネルギーのレベルが見られるようになったのだと思います。

UEでは頭でイメージしたことを増幅させることができます。

成功しているイメージを思い浮かべ、エネルギーによってそれを爆発的に増幅させると、今まで不可能と思えていたことが容易に実現できるというマインドになります。

この手法を使って感情をコントロールすることもできます。つまり、感謝している状態やうれしい状態、楽しい状態などをエネルギーによって増幅させていくのです。

そうすることによって、常に楽しい気分でいることができ、新しいストレスにも反応しづらくなります。

また、UEのエネルギーは願望達成にも応用できます。実は、引き寄せの願望達成という現象には、エネルギーが大きく関わっています。

細胞の隅々に至るまで、願望が達成した状態のエネルギーになると、情報空間との「結び」が生じるため、それに応じた情報が全身にインスピレーションとして入ってくるようになります。

自分がやったとは思えないほどの成功体験は、こうした状態から生み出されます。こうなると、自分が設定したゴールに到達するために、無意識に引っ張られるように行動していくことになるのです。

エネルギーをエネルギーで癒す

UEを発見し、エネルギーコントロールのためには、まずは自分のなかの観念や感情を取り除くことが必要だとわかりました。UEの場合、「アルティメット・クリア」と唱えるだけで観念や感情のクリアリングができます。

私はこれによって「祝福されずに生まれてきた」という観念が、自分の潜在意識の奥底にあったことに気づきました。

これは大きな気づきでした。

先の章で退行催眠について触れましたが、人間の潜在意識というものは、生まれてからのすべての記憶を持っていると言われています。

退行催眠という技術は催眠状態にして過去の記憶を遡ることができます。深い催眠状態なると潜在意識の情報にアクセスできますので、表面意識で忘れていたさまざまなことも思い出すことができます。

驚くべきことに、潜在意識は今まであったすべての出来事を記憶しているようです。

世に言う記憶術というものは、実は潜在意識の情報を表面意識に引き出す技術のことを言うのです。本当は「引き出し術」とでも言ったほうが正確なのでしょう。

潜在意識はすべての出来事を記憶しているだけでなく、「心の底で本当はどう思っているか」「体のさまざまな不調の原因は何か」といった情報を、かなりのところまで把握しているようです。

私のように、生まれる前から自分の奥底に入れてしまった観念でなくても、潜在意識のなかに不健全な観念を抱えたまま、その観念を否定するような「良い観念」を入れようとすると、「二重観念」という葛藤が起きてしまいます。

アファメーションを頑張れば頑張るほど気分が悪くなっていたのは、内部矛盾が起きていたためだったのです。

こうして自分自身の問題に目途がついたところで、今度はクライアントさんにも協力してもらい、それまで習得した知識や技術を参考にしながら、どんなエネルギーを流すと不健全な観念をより安全に、そして早く変容させることができるのか臨床を重ねていきました。

そして試行錯誤の末に、UEで不健全な観念やネガティブな感情を癒して、変容する方法を確立するに至ったのです。

UEではエネルギーでエネルギーをコントロールするため、不健全な観念やネガティブな感情をすばやく癒し、解消できます。

これは、電気の流れを操作するなら、電気の流れる銅線を使うべきという理屈にたとえられます。紙や土で電気の流れを良くしようとしてもうまくいかないのと同じです。

観念や感情、ストレスがあると、自分のなかの電気信号が途絶え、エネルギーの通りが悪くなり、ネガティブなエネルギー状態になります。これをエネルギーによって通るようにするというのがＵＥの特徴です。

ネガティブエネルギーの掃除にエネルギーを使えば、かなり根本まできれいに除去できることもわかってきました。

この5年間で、ＵＥによって観念や感情を取り除いた方たちが次々と人生を好転させています。

運命傾向は変えられる

さて、エネルギーについてお話してきた本書もいよいよここでおしまいです。

目で見えざる、手で触れざるエネルギーをいかにコントロールしていくかが本書の主題でしたが、本格的に人生を制限しているものは無意識の領域の観念ですので、一刻も早く問題の解消をお考えの場合は、UEの伝授を受けていただくことで無意識の領域にエネルギーを到達させることが可能になります。

また、本書でお伝えしましたゼロ化を試していただくだけでもエネルギーをコントロールできるようになりますので、取り組んでもらえればと思います。

UEの理論を応用すれば、伝授した方以外でも初歩的ではあるものの、ゼロ化は可能になるという気づきが、この本を書くきっかけになりました。

私たちは神の分身と言われています。アルティメットエナジーとは無条件の愛のエネルギー、そして喜びや調和のエネルギーです。

魂は本来その部分を持っているので、無条件の愛や喜び、調和の感情が出てきます。

たとえば、仕事をテーマに不健全な観念を取り除くときに、ビフォーの状態を知るために「仕事をする際に一番大切だと思うことは何ですか」という質問を投げかけます。

そうすると、観念があるうちは「勤務時間を増やす」「ひたすら頑張る」「努力する」というワードが出てくることが多いのですが、観念がなくなりはじめると、第一段階では「楽しいことをやる」「リラックスしておこなう」といったワードが出てくるようになります。

さらに観念を取り除いていくと、「一番大切なことは愛です」という答えが出てくるようになるのです。

最終的にはただただ喜びと愛があって、何もしなくてもうまくいくという感覚だけが残ります。本来、魂はすべてのことが可能であることを知っているのです。

考えてみてほしいのですが、世の中のすべての方とまでは言いませんが、たくさんの方がこのような状態になったときに世界は変わるのではないでしょうか。

今、地球に生きているすべての存在は、魂の本質に目覚める時期に来ているように思います。私は、そのようなことが「アセンション」という現象だと定義しており、最終的には人種やカースト、貧富など、さまざまな区別から解放され、本来の魂の輝きを取り戻す時代が来るはずです。

運命学という学問があります。人の運命には特定の方向性があり、いくかに分類できるという学問です。

しかし、運命とは潜在意識の思い込みや情報のことなので、これらの運命傾向は変えられるものです。

これは、私がUEをとおして挑戦していることのひとつですが、ぜひ、エネルギーをコントロールし、表面意識、潜在意識を含めて、望む人生へと運命を選択していただければと思います。

おわりに

本来のエネルギーを取り戻すとき

本書をお読みいただきまして、ありがとうございました。

長年一部の達人や権力者たちが密かに伝えていたエネルギーコントロールの秘密が世に出ることによって、私たちは本来持つ無限の可能性とつながって行くことになるでしょう。

それは自己実現や成功はもちろんのこと、医療やセラピー、運動科学、芸術、経済活動など、さまざまな分野に応用できます。

エネルギーを完全にコントロールできるようになったとき、本当の幸せは自分の外にあるのではなく、自分自身の内側にあると気づいていくことになると思います。

多くの人がそのような状態になったとき、世界は戦争や争い、貧困から解放されて平和や平安が訪れるはずです。

政治や制度を変えることはもちろん大切ですが、それを運営するのは「人」です。

その「人」を変革するための最速の方法として、エネルギーコントロールの基礎を本書でお伝えしました。

この本があなたの幸せや世界の平安のために少しでも貢献できたら、著者としてこれ以上の喜びはありません。


UEは人の持つ人体のエネルギー回路を完全に開いてしまい、自在にコントロールする技術ですが、そのためにはエネルギー回路を開くための特殊な技法が必要なため、本という文字だけの情報で、どうやってエネルギーコントロールの初歩を学んでいただけるか、体感いただけるかに非常に苦労しました。

そこで、孫武の時代より伝えられている古来のエネルギーコントロール法を伝承されている武学者のレノン・リー先生に協力いただき、「礼と感謝のワーク」「主体性実験」「夢と志実験」を『成功ワーク』（レノン・リー、佐々木孝著／つた書房刊）より引用させていただきました。

この場をお借りして感謝申し上げます。

また、本書の刊行にあたり、企画から編集までお世話になりました河越理恵さん、岸本明子さん、パブラボ出版の菊池社長、ＵＥ創立メンバーのカオリ・マインドマジックさん、そしてＵＥの普及に多大な貢献をしてくださっている西日本統括ディレクター魅鳳佑妃さん、東日本統括ディレクター水田久美子さんをはじめとする、全国のＵＥインストラクター、プラクティショナーの皆さん、日頃支えてくれている家族と友人に感謝申し上げます。

２０１８年秋
大原彩奨

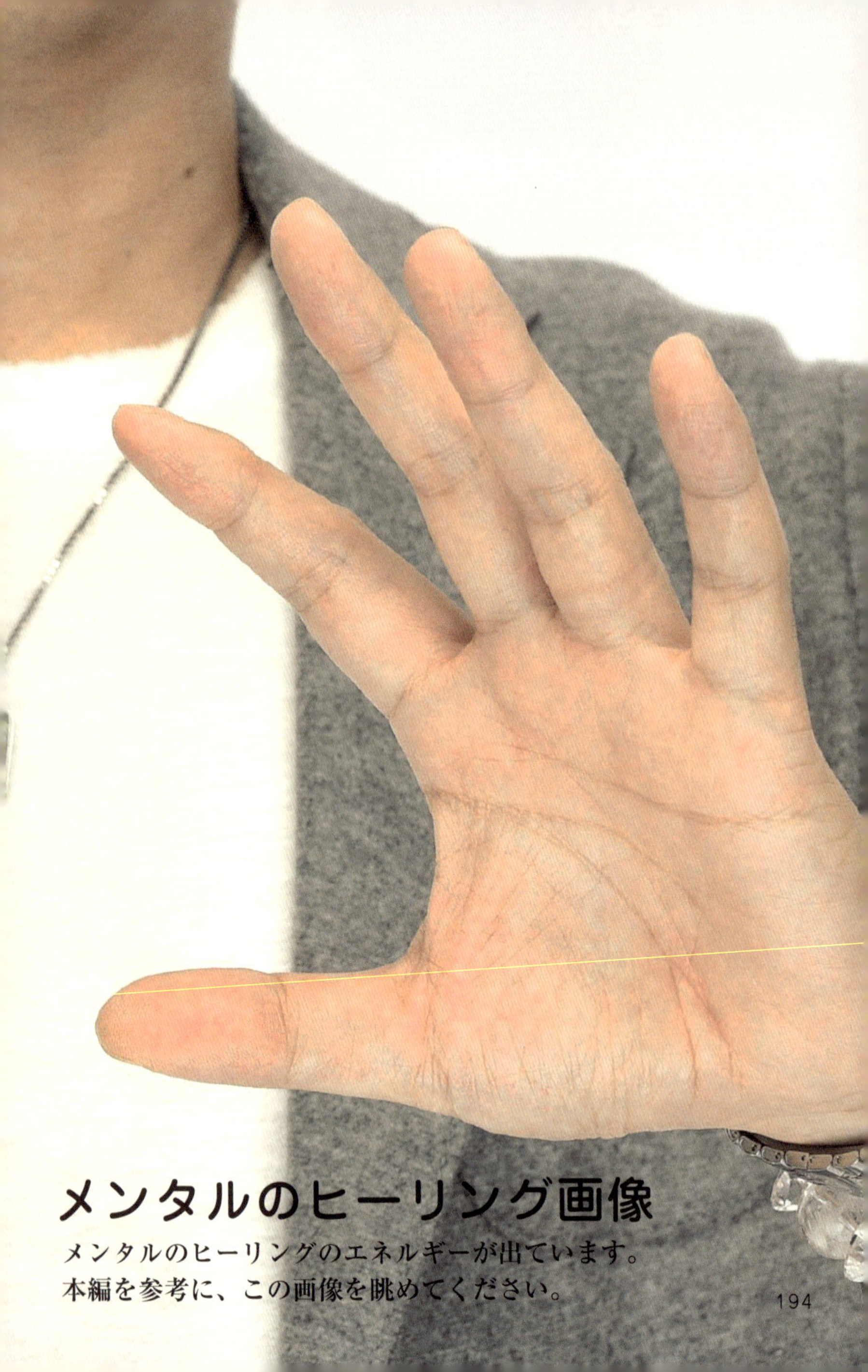

メンタルのヒーリング画像

メンタルのヒーリングのエネルギーが出ています。
本編を参考に、この画像を眺めてください。

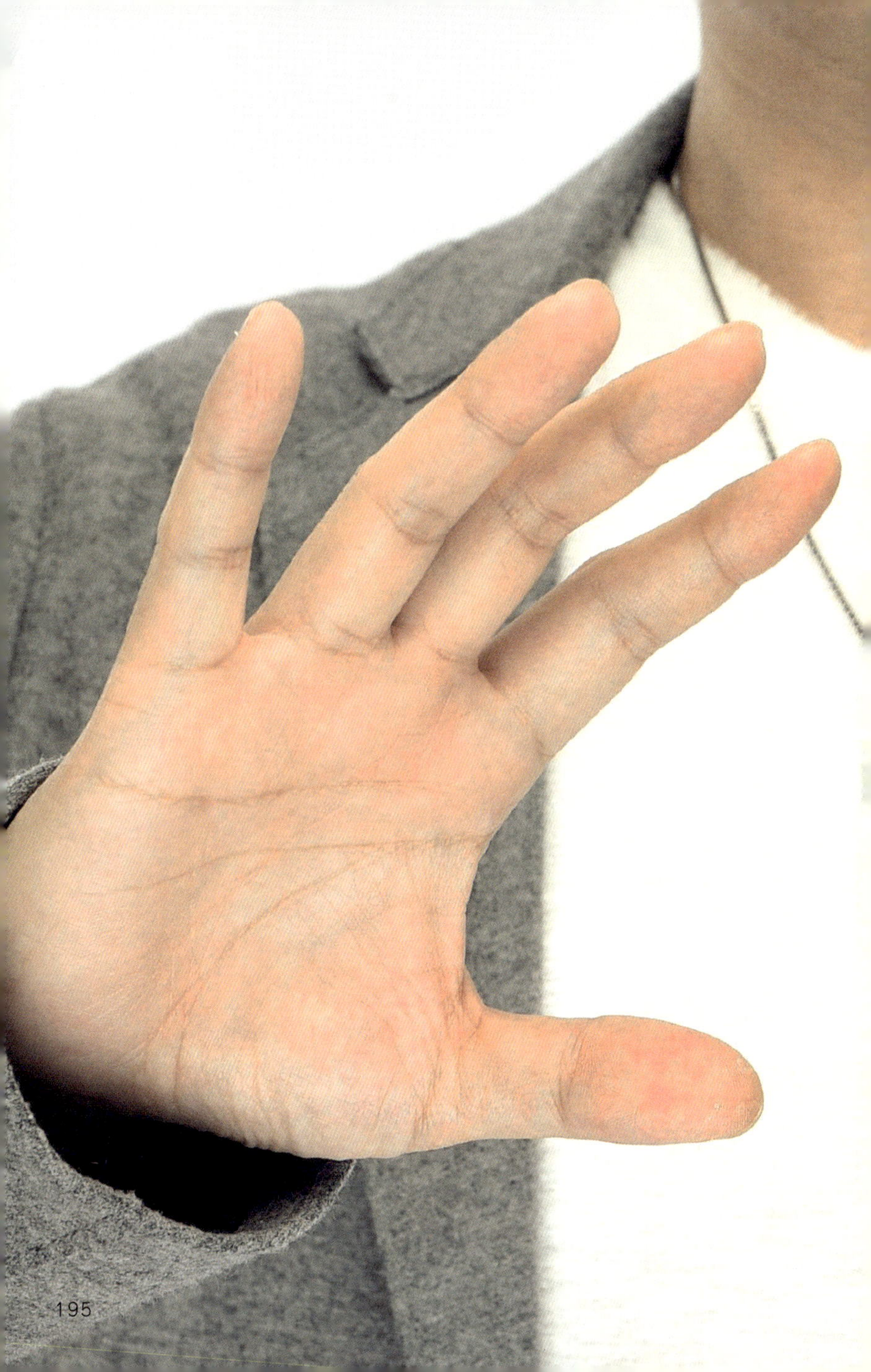

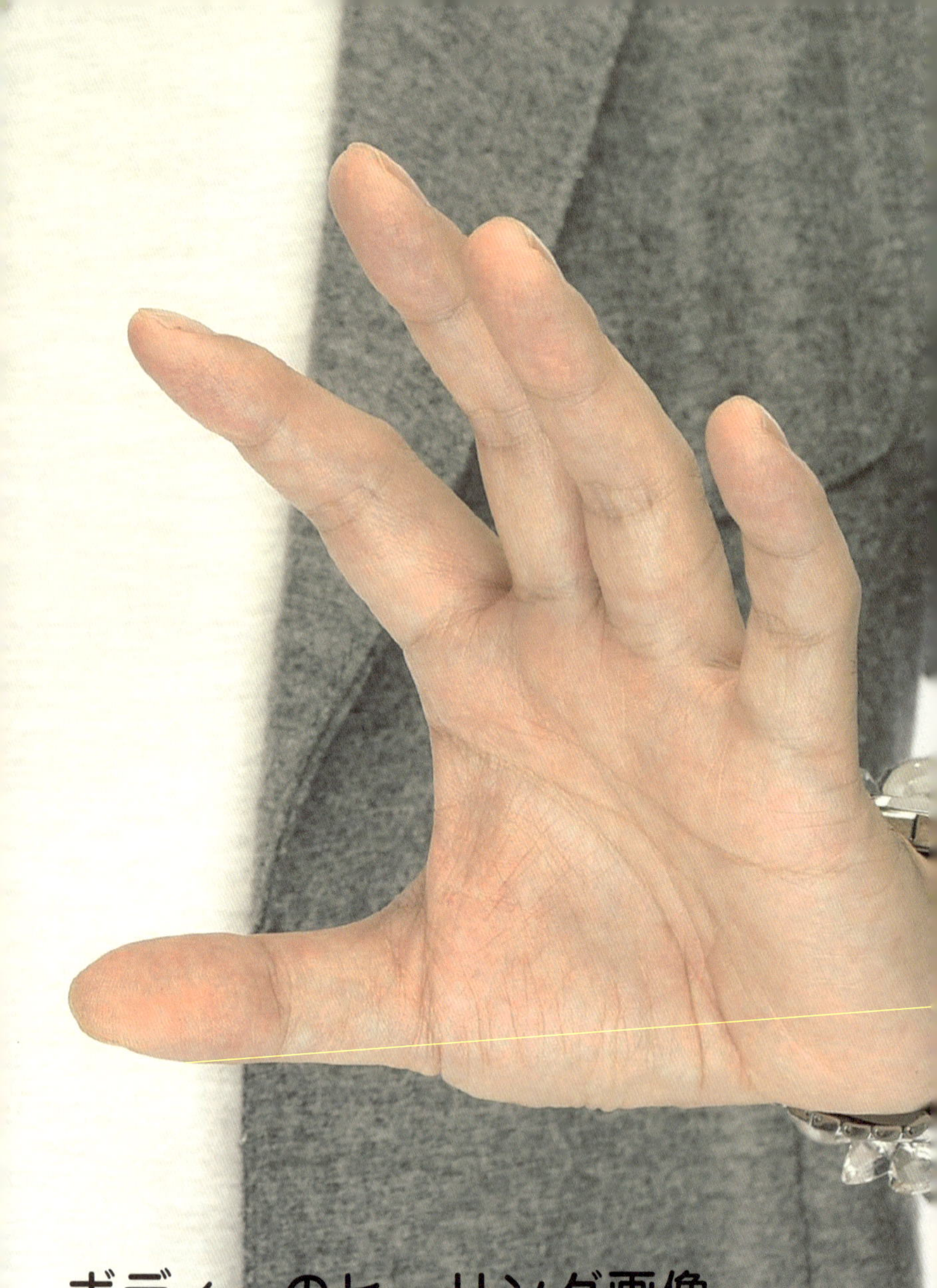

ボディーのヒーリング画像

体のヒーリングのエネルギーが出ています。
頭痛や肩こりなど、調子の悪いところに3〜4分を目安に、
このページをあててみてください。

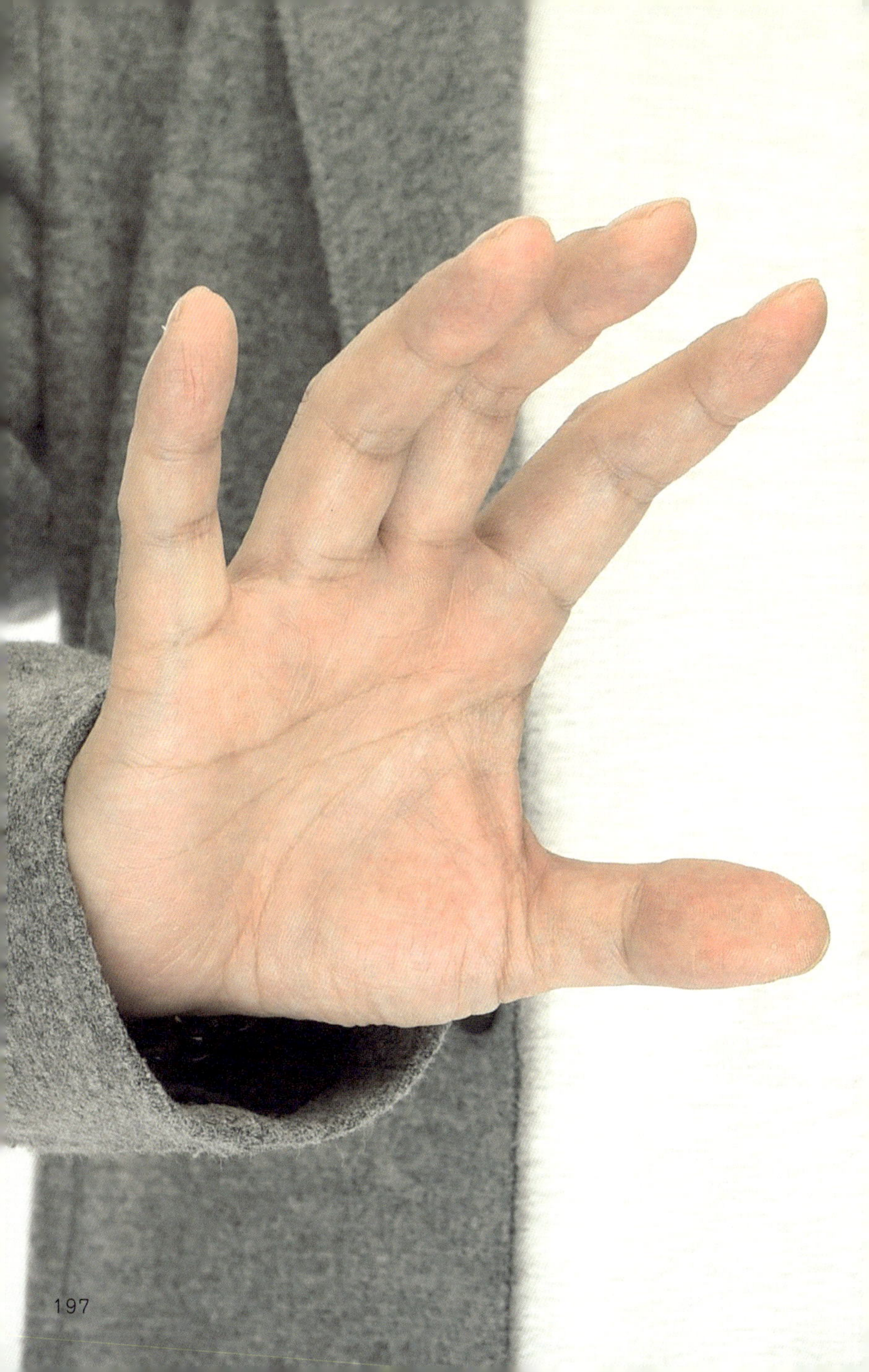

著者略歴

大原彩奨（おおはら ゆうしょう）

幼少の頃から武術や「気」に興味を持ち、様々な著名武術家・気功師・セラピストに師事、２７歳の時に整体院を開業。驚異的な実績が話題を呼び、テレビや雑誌など様々なメディアで紹介され、出版した著作は累計８０万部を突破（Ｈ２６年１月現在)。整体のプロとして延べ臨床人数７万人以上のクライアントを施術。整体師時代の顧客は国会議員・有名企業役員・会社経営者・タレント・モデルなど多岐に渡る。

２０１３年８月、「究極の宇宙の根源（アルティメットエナジー)」に開眼、そのエネルギーの普及活動を志す。２０１８年現在受講生は２０００名、講師は５０名を超える。講師は５００万部ベストセラー作家、著名医師や講演家、密教の大阿闍梨、セラピーのプロなど各分野のエキスパートや専門家も多数参画しており、受講生は日本のみならずイギリス・オーストラリア・カナダ・中国・ハワイなど世界に広がっている。

現在はＵＥの普及を通して、世界の平和・平安・調和に貢献出来るよう活動している。

・「アルティメット・エナジェティクス（ＵＥ)」創始者

・日本クリエイティブマインド協会代表

http://ultimateenergetics.com

人生を思いのまま変えていく
シンプルにして究極の方法
エネルギーコントロールの授業

発行日　2018年10月1日　第1刷発行
　　　　2018年10月31日　第2刷発行
定　価　本体1500円+税
著　者　大原彩奨

デザイン　涼木秋
イラスト　岸本明子
協　力　河越理恵

発行人　菊池 学
発　行　株式会社パブラボ
〒101-0021　東京都千代田区外神田2-1-6宝生ビル
TEL 03-5298-2280　FAX 03-5298-2285

発　売　株式会社星雲社
〒112-0005　東京都文京区水道1-3-30
TEL 03-3868-3275

印刷・製本　株式会社シナノパブリッシングプレス

ISBN978-4-434-25159-7